手机端
电商视觉设计
实战秘籍

葛文艳　赵敏◎著

清华大学出版社
北京

内 容 简 介

现在，电商市场大部分的成交发生在手机端，电商设计师的工作也以手机竖屏呈现为主。针对这种情况，本书从竖屏思维入手，对手机端电商视觉设计的主图、直通车图、详情页、首页、专题页等进行了详细解读，并重点对产品精修、人像处理、质感与清晰度提升、光影表现、色调调整等中高阶技能进行具体讲解。

本书可作为高校及培训机构的教学用书，也可供广大电商设计师、平面设计师、网页设计师等从业人员学习参考。

本书封面贴有清华大学出版社防伪标签，无标签者不得销售。

版权所有，侵权必究。举报：010-62782989，beiqinquan@tup.tsinghua.edu.cn。

图书在版编目（CIP）数据

手机端电商视觉设计实战秘籍 / 葛文艳，赵敏著 . —北京：清华大学出版社，2021.3
ISBN 978-7-302-56767-7

Ⅰ.①手… Ⅱ.①葛… ②赵… Ⅲ.①电子商务－视觉设计 Ⅳ.① F713.36 ② J062

中国版本图书馆 CIP 数据核字 (2020) 第 211848 号

责任编辑：杜　杨
封面设计：杨玉兰
责任校对：胡伟民
责任印制：沈　露

出版发行：清华大学出版社
　　　　网　　址：http://www.tup.com.cn，http://www.wqbook.com
　　　　地　　址：北京清华大学学研大厦 A 座　　邮　编：100084
　　　　社 总 机：010-62770175　　邮　购：010-83470235
　　　　投稿与读者服务：010-62776969，c-service@tup.tsinghua.edu.cn
　　　　质 量 反 馈：010-62772015，zhiliang@tup.tsinghua.edu.cn
印 装 者：小森印刷（北京）有限公司
经　　销：全国新华书店
开　　本：188mm×260mm　　印　张：19　　字　数：350 千字
版　　次：2021 年 4 月第 1 版　　印　次：2021 年 4 月第 1 次印刷
定　　价：99.00 元

产品编号：087854-01

前言

2020年，阿里巴巴天猫"双11"交易额为4982亿元，其中90%以上为手机端交易。现在电商设计师的工作也以手机竖屏呈现为主，但是市场缺乏以手机端竖屏思维进行指导的书籍。本书针对这种情况，从手机端竖屏展示入手，对竖屏思维单独进行了详细的讲解，使广大有PS基础、从事或希望从事电商设计的人士，对竖屏与手机端展示设计拥有具体而深刻的认识。

特别需要指出的是，现在电商设计师越来越多，但大家普遍对电商设计的目标是产生利益这一点认识不够，或者缺乏更好的能帮助企业创造利益的方法。本书以提升品牌知名度、提升用户点击率为目标，指导广大电商设计师提升整体技术。

本书第1章为"先谋而后动"，先树立"竖屏思维"，从多方面讲解手机端装修的技巧与注意事项，将竖屏思维融入每一个设计作品中，充分发挥手机端竖屏展现的优势；然后重点讲解"品牌视觉"，以提升企业形象、增加用户点击率为目标，详细讲解了一个电商企业如何制定自己的视觉标准，引导大家做一个有思想、有方法的电商设计师。

第2章、第3章、第4章、第5章分别讲解了主图与直通车图的设计、详情页设计、首页与专题页的设计和旺铺智能版网店装修，对当下实际店铺中的案例进行详细剖析，并配有实战案例练习，以"学、做、学、做"的节奏互相巩固，稳步提升。实战案例配套的演示视频，也让学习变得更加简单。

第6章为"技能提升"，通过实际案例，讲解产品精修、人像处理、质感与清晰度提升、光影表现、色调调整等中高阶技能。

本书配套视频可扫描对应章节中的二维码查看，所使用的素材请扫描封底二维码下载。由于编者水平有限，书中疏漏之处在所难免，请广大读者不吝指正。

作者

目录

第1章 先谋而后动

1.1 手机端与电脑端淘宝的区别 / 2

    1.1.1 手机淘宝App首页与电脑端淘宝官方首页 / 2

    1.1.2 手机端商品详情页与电脑端商品详情页的区别 / 3

    1.1.3 手机淘宝店铺首页与电脑端店铺首页的区别 / 5

1.2 当下店铺装修必备——竖屏思维 / 7

    1.2.1 淘宝手机端交易量的长势 / 7

    1.2.2 横屏与竖屏的区别 / 8

    1.2.3 竖屏设计的要点 / 9

    1.2.4 竖屏排版之一屏一主题 / 10

    1.2.5 竖屏的纵向构图方法 / 11

    1.2.6 适合手机阅览的文字与字体 / 12

    1.2.7 留白的技巧 / 14

    1.2.8 在PC端查看手机屏显示效果 / 16

1.3 让客户记住你的店铺——品牌视觉 / 18

    1.3.1 有品牌与无品牌思想的区别 / 19

    1.3.2 品牌视觉标准的应用 / 21

    1.3.3 店铺树立品牌形象的好处 / 28

1.4 电商设计工作流程 / 30

第2章　主图与直通车图的设计

2.1　什么是主图　/　34

2.2　主图的作用　/　34

2.3　主图的设计要求　/　38

　　2.3.1　前4张主图的设计要求　/　38

　　2.3.2　白底图与透明图　/　39

　　2.3.3　场景图　/　39

　　2.3.4　第六张长图　/　40

2.4　主图的组成四要素　/　42

　　2.4.1　产品图片　/　42

　　2.4.2　主图的背景　/　44

　　2.4.3　主图的文案　/　46

　　2.4.4　主图的logo　/　55

2.5　主图的构图方式　/　56

　　2.5.1　特写式构图　/　56

　　2.5.2　上下型构图　/　57

　　2.5.3　左右型构图　/　57

　　2.5.4　对角线构图　/　58

　　2.5.5　压住四角构图　/　58

　　2.5.6　传统促销版式构图　/　59

2.6　主图的类型　/　59

　　2.6.1　促销、活动类　/　59

　　2.6.2　形象类商品　/　60

　　2.6.3　功能类商品　/　61

　　2.6.4　展现品牌调性、产品品质类　/　61

2.7 主图中色彩的应用 / 63

    2.7.1 色彩的重要性 / 63

    2.7.2 色彩的基础知识 / 66

    2.7.3 色彩的搭配 / 69

    2.7.4 常用颜色的特点 / 73

2.8 主图设计注意事项 / 87

2.9 卖点的提炼 / 88

    2.9.1 好卖点的标准 / 88

    2.9.2 提炼卖点的方法 / 89

    2.9.3 提炼卖点的二十二个维度 / 91

2.10 设计一张高点击率的主图 / 100

    2.10.1 主图设计与主关键词（进店大流量词）一致 / 101

    2.10.2 以手机端展现为前提的大尺寸 / 101

    2.10.3 产品要突出 / 102

    2.10.4 少即是多 / 102

    2.10.5 直白得秒懂 / 103

    2.10.6 传递有价值的信息 / 103

    2.10.7 分析买家需求 / 104

    2.10.8 创新与差异化 / 104

    2.10.9 利用色彩制胜 / 105

    2.10.10 增强对比 / 105

    2.10.11 学习竞品的设计优点 / 106

2.11 颜色图的制作 / 107

2.12 直通车图设计 / 108

    2.12.1 什么是直通车图 / 108

2.12.2　直通车图的制作要求　/　109

　　2.12.3　制作直通车图的方法　/　109

2.13　活动图片设计　/　110

　　2.13.1　活动图片设计注意事项　/　111

　　2.13.2　活动图片设计步骤　/　111

　　2.13.3　智钻图片设计注意事项　/　113

2.14　鹿班与Alibaba WOOD　/　114

　　2.14.1　智能商品图批量设计器"鹿班"，让设计更美好　/　115

　　2.14.2　Alibaba WOOD　/　119

2.15　引流利器——视频的制作　/　123

　　2.15.1　视频的应用场景　/　123

　　2.15.2　视频内容的分类　/　124

　　2.15.3　视频制作基本要求　/　124

　　2.15.4　主图视频介绍　/　125

　　2.15.5　视频的作用　/　126

　　2.15.6　关于视频的定购与发布　/　126

　　2.15.7　视频的制作　/　127

　　2.15.8　视频的投放　/　131

第3章　详情页设计

3.1　什么是详情页　/　134

3.2　详情页的作用　/　135

3.3　详情页的构成　/　136

3.3.1 海报头图 / 136

3.3.2 商品展示 / 137

3.3.3 卖点展示 / 138

3.3.4 基本信息 / 140

3.3.5 细节展示 / 141

3.3.6 关联或搭配 / 142

3.3.7 品牌文化 / 142

3.3.8 问答或说明 / 143

3.3.9 商品对比 / 144

3.3.10 包装展示 / 144

3.3.11 资质证书 / 145

3.3.12 商家承诺 / 145

3.3.13 核心竞争力 / 146

3.3.14 情感营销 / 147

3.3.15 客户体验 / 147

3.3.16 实力展示 / 148

3.3.17 生产流程 / 148

3.3.18 营销活动 / 149

3.4 详情页的设计步骤 / 150

3.5 详情页的制作技巧 / 160

3.5.1 详情页整体设计技巧 / 160

3.5.2 头图海报的设计技巧 / 166

3.6 详情页的切片 / 173

3.6.1 详情页自动切片步骤 / 174

3.6.2 基于参考线的切片步骤 / 176

第4章 首页与专题页的设计

4.1 首页的作用 / 180

4.2 手机端店铺首页的设计 / 180

    4.2.1 首页的风格 / 180

    4.2.2 首页的布局架构 / 183

    4.2.3 首页中各模块的设计制作 / 186

4.3 PC端店铺首页的设计 / 197

    4.3.1 PC端店铺首页的框架 / 198

    4.3.2 PC端各模块的设计 / 199

4.4 首页设计中需要注意的问题 / 211

4.5 专题页的设计 / 212

    4.5.1 节日活动页 / 212

    4.5.2 店铺活动页 / 214

    4.5.3 新品页 / 214

    4.5.4 会员页 / 214

    4.5.5 品牌文化页 / 215

第5章 旺铺智能版网店装修

5.1 手机端装修 / 220

    5.1.1 店铺首页模块介绍 / 223

    5.1.2 微淘 / 239

    5.1.3 宝贝分类 / 240

5.1.4 通用设置 / 240

5.1.5 自定义页 / 242

5.2 PC端装修 / 242

5.3 图片空间的应用 / 245

5.4 分流首页 / 246

第6章 技能提升

6.1 产品精修 / 248

6.1.1 修图基础知识 / 248

6.1.2 三大面五大调 / 248

6.1.3 材质与光线 / 249

6.1.4 阴影与高光刻画的基本原理（视频6-1） / 250

6.1.5 圆柱体常见光影分布形式 / 251

6.1.6 实战：塑料质感精修（视频6-2） / 251

6.1.7 实战：玻璃与金属质感精修（视频6-3） / 258

6.1.8 使用涂抹工具做简单修图（视频6-4） / 262

6.1.9 女包精修（视频6-5） / 265

6.2 人像处理（视频6-6） / 269

6.3 提升作品质感与清晰度（视频6-9） / 275

6.3.1 锐化 / 275

6.3.2 高反差保留 / 275

6.3.3 Camera Raw滤镜 / 276

6.3.4 曲线与色阶 / 277

6.4 光影表现 / 277

    6.4.1 倒影 / 278

    6.4.2 阴影 / 282

    6.4.3 光线 / 286

    6.4.4 窗格型光影表现方法 / 287

    6.4.5 树叶型光影表现方法 / 288

    6.4.6 光照型光影表现方法 / 289

6.5 色调的调整 / 290

    6.5.1 Camera Raw 滤镜 / 290

    6.5.2 色相/饱和度 / 291

    6.5.3 色彩平衡 / 291

    6.5.4 可选颜色 / 292

    6.5.5 曲线调节 / 292

第 1 章

先谋而后动

1.1 手机端与电脑端淘宝的区别
1.2 当下店铺装修必备——竖屏思维
1.3 让客户记住你的店铺——品牌视觉
1.4 电商设计工作流程

自 2020 年 11 月 1 日起，至 2020 年 11 月 11 日 24 时，天猫成交额定格在了 4982 亿元，而京东的成交额也超过了 2715 亿元，两大电商平台合计成交额超 7697 亿元，超过 5 亿网民集体"买买买"，其中 90% 以上是通过手机端交易的。

电商设计的重心从电脑端彻底向手机端转移，电商设计师们也各自揣摩出一些适应手机端竖屏网页的构图技巧。在开始学习手机端电商设计知识之前，先比较一下电脑端与手机端各种网页的不同。

1.1 手机端与电脑端淘宝的区别

1.1.1 手机淘宝 App 首页与电脑端淘宝官方首页

手机端淘宝，需要在手机上下载"手机淘宝"App，然后注册账号才可以使用。手机淘宝是淘宝网官方出品的手机应用软件，整合旗下团购产品天猫、聚划算为一体。具有搜索比价、订单查询、购买、支付、收藏、管理、导航等功能。

打开"手机淘宝"App，显示手机淘宝首页（见图 1-1）。

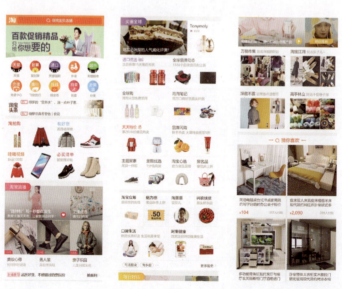

图 1-1

根据每位消费者的特点与近期浏览过的内容不同，每个人打开手机淘宝后展现的内容也大为不同。各个模块一般展现消费者近期内浏览过的或与浏览内容相关的商品。

手机淘宝首页网页较长，内容较多，以下不再一一列举。

根据手机型号的不同，页面展示稍有差异，目前市场主流手机屏幕尺寸为9∶16的竖屏比例，本书所涉及的网页、图片也将以9∶16的竖屏比例为例进行阐述。

电脑端的淘宝首页以横屏显示，也会因显示器的型号不同稍有差异（见图1-2）。

图1-2

1.1.2　手机端商品详情页与电脑端商品详情页的区别

在手机淘宝首页搜索栏内输入搜索内容，例如"儿童书包"，点击"搜索"按钮，将会打开搜索结果页面（见图1-3），消费者在长长的搜索结果里面挑选属意的商品，然后点击，打开商品详情页（见图1-4）。

图1-3

图 1-4

  根据消费者的不同特点和需求,输入同样的关键词,每个消费者呈现的搜索结果也不同。这样为每位消费者提供个性化的、有针对性的商品推荐,有助于提高消费者的购物效率,提升购物体验。

  电脑端详情页的内容与布局与手机端相似,只是字号更小,内容更细致,这里不再配图。手机端为了方便消费者查看,以竖屏方式构图,商品展示比例较大,以特写和局部放大为主。而电脑屏幕宽大,所以构图时商品比例不必过大,并且可以在一屏里放更多的内容与细节。

1.1.3　手机淘宝店铺首页与电脑端店铺首页的区别

单一的商品详情页面留住消费者的概率较小，消费者往往浏览完当前商品的详情页之后，直接返回搜索结果页面查看其他内容，这就导致店铺跳失率提高。但是有些消费者对当前店铺的品牌或者风格等因素比较喜欢，会进入店铺的首页，查看此店铺的其他商品。

图1-4为FILA品牌的一款儿童书包的手机端详情页，点击此页面底部的"店铺"按钮，即可查看该店铺的首页，浏览FILA店铺中的其他商品（见图1-5）。

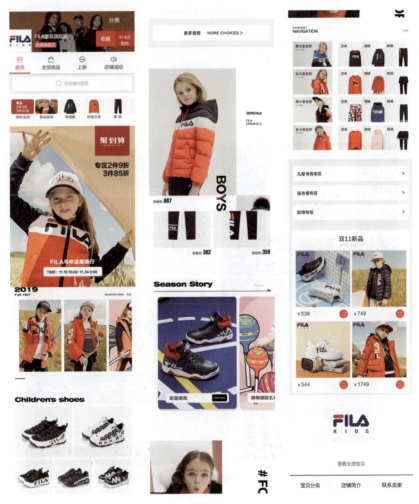

图1-5

进入首页就好像进入了一家实体店铺，里面分类展示了更多商品、分类、营销活动、优惠券等，直接点击首页上的商品，可以打开该商品的详情页。点击分类页入口，可以进入此店铺的分类商品页面，有针对性地选择商品。这就形成了一个流量的循环：详情页→首页→分类页→详情页，减少店铺跳失率（见图1-6）。

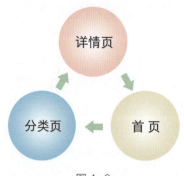

图 1-6

电脑端首页因为屏幕宽大，相对而言内容更丰富，表达的细节更多，更有气势。但是由于目前电商交易 90% 以上是通过手机端完成的，所以有些店铺将主要精力放在手机端的装修，而电脑端的装修日趋简化（见图 1-7）。

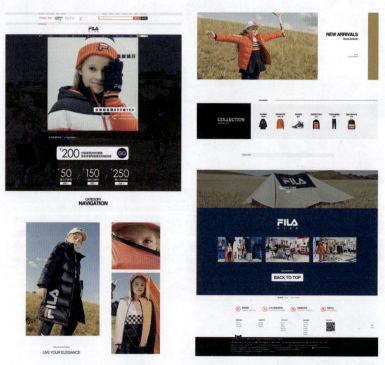

图 1-7

第 1 章实战（1）

新建尺寸为 800 像素 ×800 像素，分辨率为 72dpi 的文件，使用提供的素材（请扫描封底二维码下载），临摹小家电主图 1（见图 1-8、视频 1-1）。

第 1 章实战（2）

临摹小家电主图 2（见图 1-9、视频 1-2），要求同上。

图 1-8

图 1-9

视频 1-1

视频 1-2

1.2 当下店铺装修必备——竖屏思维

设计的目的是为了传达信息,而电商设计的最终目的,是为了有效地传达信息之后带来点击率与转化率的提升,进而提高企业效益。接下来从信息传播的角度,探讨电商手机端点击率与转化率的基本提升方法——竖屏思维。

竖屏不只局限于淘宝、天猫,几乎所有需要在手机上卖货的电商、微商群体,都需要最大可能地发挥竖屏的优势,减少小屏幕带来的弊端。

1.2.1 淘宝手机端交易量的长势

自 2015 年 4 月手机淘宝 App 上线,经过 4 年多的时间,天猫"双 11"成交已经从电脑端向手机端严重偏移:

2015 年"双 11"无线端成交占比 69%;

2016 年"双 11"无线端成交占比 82%;

2017 年"双 11"无线端成交占比 91%;

2018 年"双 11"无线端成交占比 94%。

2019 年"双 11"无线端成交占比继续有小幅度上升。由于同期平板电脑出货量仅约为智能手机的十四分之一,所以无线端主要是指手机端,手机端购物已经成为"双 11"以及中国人的主流购物场景。

手机端的竖屏构图设计,在电商企业中占着举足轻重的地位。广大设计师也在不断地学习,不断地提升这种竖长形构图的技巧,并结合如今重视标题、快餐文化的特点,为做出高点击率、高转化率的优秀作品在不断努力。

1.2.2　横屏与竖屏的区别

从事电商设计的广大设计师们，一般是用Photoshop软件和其他图像处理软件工作的，都是在电脑上作图。而电脑屏幕是横向的，所以设计出来的作品一般也遵从横向构图的原则（见图1-10）。可是这样的设计作品直接搬到手机屏幕上，实际显示效果非常不理想（见图1-11）。

图1-10　　　　　　　　　　　　图1-11

（1）横向构图的同一张图片，在电脑显示器上，直观、清晰、醒目、有视觉冲击力。而放在手机上显示，由于受图片宽度限制，尺寸过小，想表达的信息变弱，不能有效地传达。

（2）在电脑显示器上可以在一屏内，放置多个区块和多个主题、多个内容，而在手机上显示，由于尺寸太小，一屏只能放一个模块或者一个主题，如果放得多了，绝大多数消费者没有耐心在小小的屏幕上仔细查找，太多的内容反而让人看不到内容（见图1-12、图1-13）。

图1-12　　　　　　　　　　　　图1-13

（3）在显示器上看起来精致、美观的字体与字号，放在手机上显示根本看不清楚，需要把字号调大些、再大些，甚至在电脑上看起来不和谐了，在手机屏上才看得清楚。

（4）消费者在电脑显示器上浏览商品时，每一屏的停留时间约为 10 秒钟，甚至超过 1 分钟，而在手机上浏览商品时，消费者普遍没有耐心，每一屏的停留时间非常短，有时不到 1 秒钟。所以，手机端的图片设计一定要直白、浅显易懂。

（5）在电脑显示器上浏览商品，一般在安静、稳定的环境中，而手机用户浏览商品，可以是在坐车、走路、吃饭、聊天时打开手机，看一眼，划动几屏，注意力分散，这就要求设计师把需要表达的信息处理得更有冲击力、更醒目、更能吸引眼球。

1.2.3　竖屏设计的要点

（1）一眼见：竖屏照片在手机上一点开就是满屏，人物或主体更大，更有视觉冲击，一屏里面几乎没有其他干扰信息，一眼就能看见（见图 1-14）。

（2）秒懂：不需要思考、联想、揣摩，信息直白、浅显，消费者一看就明白，这样信息送达率就会提高，转化率自然也会提高（见图 1-15）。

（3）近焦、微距、局部特写：用电脑显示器浏览网页时，眼睛与显示器之间离得较远，会有距离感。而手机拿在手里，离眼睛很近，看近焦、局部特写的照片时，心理距离也被拉近，容易产生亲近感。近距离的高清特写还带有更强烈的视觉冲击力。表达也不必追求面面俱到，如图 1-16 中，看到青苹果的局部，会自动联想出完整苹果的样子。

图 1-14　　　　　　　　　图 1-15　　　　　　　　　图 1-16

1.2.4 竖屏排版之一屏一主题

回溯历史越久越发现，之前宝贵的、来之不易的信息，随着科技的发展，越来越泛滥。这是一个信息爆炸的时代，人们不再苦恼得不到信息，而是苦恼没有时间处理海量的信息，没有精力从繁杂的信息中过滤出对自己有用的信息，于是诸如"标题党""浅阅读""跳读"等成为常态，大家不停地滑动手机屏幕，忙碌地过滤信息、筛选信息。在这种状态下，怎样让消费者发现你、端详你、记住你，成为每位电商设计师努力的方向。

面对"走马观花"的手机用户，有一种做法是"一屏一主题"。一屏就是最小的信息单元，每一屏，只用最简洁、最直观的方式表达一个主题，这样用户阅读压力小，即使快速浏览也能理解并留下印象。

我们可以设想一下，在手机上浏览内容时，每一屏大约分配几秒钟的时间？如果这一屏的内容很多，需要驻目、定焦，或者二次操作进行放大才能看清，你会花时间看还是直接忽略？

除了你的"铁粉"，其他大部分人都是很怕麻烦的，所以花心思设计了很多，消费者却看到得更少。不如一屏只做一个主题，消费者有兴趣，会一屏一屏看下去。

并且消费者普遍没有耐心阅读长长的文案，一屏一屏地浏览网页时，大部分时间都在看每一屏的标题。简短有力的标题对信息引导和销售推动，起着至关重要的作用（见图1-17）。

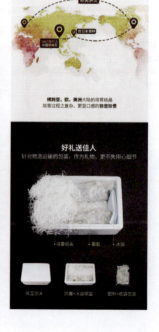

图1-17

1.2.5 竖屏的纵向构图方法

大家已经深刻认识到手机端竖屏构图的重要性，但真的实践起来总是有些困难的。因为我们多年的设计习惯、浏览习惯都是横屏，日常看到的画面如电视、电影、绘画、艺术作品等大都以横向宽屏展示，想要游刃有余地做好竖屏画面，是需要一点技巧的。

首先，作为设计师，一定要以手机用户的角度去作图。设想一下，消费者拿起手机，浏览你设计的图片时，会有什么感受？这样长期坚持，最终养成竖起来表达自己的习惯。

从知道到做到，中间需要大量的练习。刚开始的时候可以先不管是否达到美学要求，只要做到一眼见、秒懂，掌握了要点之后，再回过头来慢慢改善、优化设计。历经了多次的训练之后，就会做出越来越多的"竖屏构图"设计。

其次，把横向构图时两边的留白砍掉。设计在电脑上显示的图片时，一般会把主题放在中间，两边留出些空白，这是典型的三分构图法或者井字格构图法。而用手机竖屏构图时，可以把这些留白砍掉，只留中间的主体，这样更能引起消费者的注意，有效信息更丰富，细节更清晰（见图1-18）。

图 1-18

第三，只展示产品的局部。有些产品类目的设计师对竖屏有些左右为难，例如家具家居类、大型家电类，这些产品本身在画面中所占面积较大，适合在电脑宽屏中展示（见图1-19）。如果同样在手机竖屏中展示，画面缩小，很没有气势。

之所以会这样想，是因为没有找对方法。竖屏既然能装下全世界的山川、海洋、平原，当然也能装下你家的产品。有句话叫作"窥一斑而知全豹"，如图1-20中的沙发，在竖屏构图时可以只清晰地展示局部细节的清晰、优雅、精致，消费者会自动脑补其余部分。

所以在手机端设计大型产品图片时，可以换一种思路，重点表达最需要表达的信息，其他忽略。

平时多用手机立起来拍照，每一次拍照都是一次竖屏构图的训练。熟能生巧，训练得多了，就能找到竖屏的构图技巧，发掘竖屏表达的优势，达到随心所欲、得心应手地做竖屏构图。

图 1-19　　　　　　　　　图 1-20

1.2.6　适合手机阅览的文字与字体

文案在电商图片中占有很重要的地位。

传统的广告理念是"你介绍得越详细，销售得也就越多"，但这对于现代消费者来说太难实现了，我们必须把产品文案做得简洁、明了，才能让消费者抓住有效信息，这就要求图片中的文字要大、要少，字体辨识度要高，含义要浅显易懂。

总的来说，在设计手机端的文案时，有四个原则：大、少、清、浅，即字号要大，字数要少，字体辨识度高，浅显易懂。

大：主标题字号要大于 48 点。在电脑屏幕上 14 点的字也能看得清楚，而手机端的字号如果小于 48 点，就容易被消费者忽略。副标题最小字号是 26 点，如果小于 26 点，在手机上看就很费力了（见图 1-21）。

由于手机屏幕的分辨率不同，同样是 48 点的字，显示大小也是不同的。所以，有时候不能单纯用字号或像素数来衡量字的大小，还要考虑图片本身的宽度值，所以，一般情况下标题字高 ≥ 1/10 屏宽，也就是说，如果在手机端显示的是一张宽 750 像素的图片，主标题字号最好大于等于 75 像素，才够醒目。

少：标题要短，主标题不得超过 8 个字（见图 1-22）。如果主标题字数太多，超过三行，消费者根本没有耐心读完，这也就失去了文字的意义（见图 1-23）。

清：标题字体要选择辨识度高的黑体、宋体或者横平竖直的印刷体等，尽量少选择辨识度低的艺术字体。商业上，销售转化比艺术性更重要，让消费者秒懂比好看更重要。

如果一定要用毛笔字等艺术书法字体的话，字号一定要大，字数一定要少，主标题最好不超过 5 个字，否则很难让人看清楚你到底想要表达什么。

图 1-23 这张海报的标题就很失败。分析其原因，主要有以下三点：

（1）主标题内容太多。字数多、行数多，让人失去读完它的欲望。

（2）主标题字号太小，分不清主次。如果标题内容太多的话，要分清楚主次，把主标题字号放大，副标题字号缩小，形成大小对比，主次分明，这样更能突出主题。

（3）字体辨识度太低，不仔细看，根本看不清楚，更不要说"秒懂"。

图 1-21　　　　　　　图 1-22　　　　　　　图 1-23

浅：标题含义浅显易懂，不需要思考就能明白（见图 1-24）。手机用户是没有耐心与时间精读网页的，普遍都是瞟读、快读。所以，在这个快餐文化当道的时代，想被了解，必须直白。

最后，如果出现大量文字，把这部分文字内容单独放在一屏上，并且使用纯色背景，让消费者安安静静地阅读文字，不被干扰。文字切忌长篇大论地出现，一定要切割成小段落或小模块，让消费者感觉很轻松地就读完了（见图 1-25）。

图 1-24　　　　　　　图 1-25

1.2.7 留白的技巧

我们在阅读一篇文章时,如果是长篇大论没有段落划分,会觉得沉闷、费力、有压迫感,甚至有喘不过气的感觉。甚至第一眼看到那么长没有段落划分的篇幅,就有跳过不读的想法。

在手机上浏览网页时,如果图片内容紧紧相接、连续不断,消费者也容易产生视觉疲劳,或者失去耐心,干脆关闭页面。图 1-26 中密集的排版,阅读起来会有压力,消费者很快会失去耐心,容易跳失。

所以手机页面应该像一篇好文章,消费者在阅读、聚焦、停顿、翻页、阅读……这样安静的节奏中舒缓地听你讲述你的销售故事,由你来引导消费者的思想,消费者在平和的环境中接受你的建议。控制这个节奏的指挥棒,就是"留白"。留白的作用有以下几点:

第一,加上留白空间,感觉豁然开朗,上一内容与下一内容之间有了宽松的停顿和喘息,压迫感消失了,阅读起来更舒服、顺畅了。内容条理清晰、主题明确,自然会想滑到下一屏(见图 1-27)。

图 1-26   图 1-27

第二,留白不是指大面积地使用白色或者简单地留出空白,也不只是留出一片没有内容的空闲的空间。留白是指通过对版面空间的合理疏密分配,让画面具有层次感和透气性,起到简化画面的作用,从而使需要表达的信息得到有效突出(见图 1-28)。

第三,大面积的留白,有一种极其简约大气的感觉,可以充分地表达对产品本身的自信,突出产品的高贵与精致,并且气场强大,品质感增强(见图1-29)。

图1-28

图1-29

第四,留白可以更有效地突出主题。在图1-30中,虽然中间的文字很小,但依然能一眼就看见"像肌肤",其原因就是周围的留白,使主题产生一种自动聚焦的神奇魔力。越多的留白,主题被注视的概率越高。这样的设计在各种作品中都能见到,在手机上显示时,有留白的设计更能凸显产品的质感(见图1-31)。

第五,留白可以大胆些(见图1-32)。不要给手机屏幕塞满文字和内容,空白也是内容的一种。空白为用户提供了短暂的休息机会,缓解阅读疲劳,加长页面停留时间,使图片和文字得到更清晰、更明确的传达效果。

图1-30

图1-31

图1-32

1.2.8 在PC端查看手机屏显示效果

设计师的作品需要在手机上浏览，但是制作却必须在电脑上完成。在电脑大横屏上显示的图片，靠设计师想象放在手机上的效果，一定会有些偏差。很多设计师在作图的过程中，会多次重复"上传到手机预览"这个操作，非常影响工作效率。一般上传到手机预览有如下几种方法。

- QQ/微信：制作完成网页图片后，通过QQ、微信的电脑端，发送到手机中，再进行预览，这种方法比较麻烦。
- PS多开窗口：单击"窗口"菜单→"排列"→"为XXX（文件名称）新建窗口"命令，拖动新窗口的边框，调整窗口大小为手机屏幕尺寸，也可以预览图片以手机屏幕尺寸显示的效果，但是这种方法没有现场感，不够直观。
- "一眼见"软件：这款软件会在设计师的电脑屏幕上放置一块虚拟手机屏，可以实现设计师作图的"所见即所得"，不必在电脑、手机之间来回切换，是目前较方便的一种手机屏预览工具，大大简化了设计师的工作（见图1-33）。
- PS Play等App：通过Photoshop的远程连接功能，使用PS Play等App实现手机上预览Photoshop图片。缺点是仍然需要在手机屏与电脑屏上切换，因为需要远程连接，大图显示较慢，需要等待。
- 开发人员工具：如果图片已经上传至网页，可以使用网页浏览器中的菜单"工具"→"开发人员工具"选项（见图1-34），确定下方"手机模式"按钮被选中（见图1-35），然后按下F5键刷新网页，可以用手机模式预览网页（见图1-36）。

图1-33

图1-34

- 使用 Chrome 浏览器：在 Chrome 浏览器中按下 F12 键，可以预览网页在不同手机上的显示效果，对网页设计师来说比较方便，而图片预览不太方便。

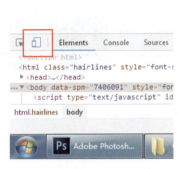
图 1-35

图 1-36

第 1 章实战（3）

新建尺寸为 800 像素 ×800 像素，分辨率为 72dpi 的文件，使用提供的素材，临摹女包主图 1（见图 1-37、视频 1-3）。

第 1 章实战（4）

新建尺寸为 800 像素 ×800 像素，分辨率为 72dpi 的文件，使用提供的素材，临摹女包主图 2（见图 1-38、视频 1-4）。

图 1-37

图 1-38

视频 1-3

视频 1-4

第 1 章实战（5）

新建尺寸为 800 像素 ×800 像素，分辨率为 72dpi 的文件，使用提供的素材，临摹运动鞋主图 1（见图 1-39、视频 1-5）。

第 1 章实战（6）

新建尺寸为 800 像素 ×800 像素，分辨率为 72dpi 的文件，使用提供的素材，临摹运动鞋主图 2（见图 1-40、视频 1-6）。

图 1-39　　　　　图 1-40　　　　　视频 1-5　　视频 1-6

1.3　让客户记住你的店铺——品牌视觉

2019 年"双 11"交易额为 2684 亿元的捷报传来，其中手机端淘宝的成交量已经占据超过总成交量的 94%。如此骄人的成绩，却是有人欢喜有人忧。店铺成交量"双 11"期间暴涨的，自然举杯同庆，而那些即使"双 11"成交量不尽如人意的，也大有人在。

目前在淘宝上存在的 950 多万个店铺中，相当一部分卖家在手机端销售的过程中，存在两个重大问题，就是"看不到""记不住"。

"看不到"，即买家通过搜索框检索出大量同类商品时，自家的商品不能引起买家注意，买家迅速划到下一屏，忽略本店铺商品的存在。

"记不住"，即买家浏览过本店铺后马上就会忘记，对店铺没有留下印象。也就没有再次搜索的可能。

如何解决以上的问题？如何提高点击率、提升店铺形象，让消费者心中形成强烈的记忆符号？每家店铺的电商设计师与运营师都在孜孜不倦地寻找答案，并且坚持不懈地学习与努力着。

希望网页图片既美观、吸引人、有品牌感，又能带来效益，除了会用 PS 和其他图像处理软件之外，还需要掌握视觉营销学、广告心理学、色彩学等方面的知识。

我们举个例子：为什么三只松鼠、花西子、百雀羚等品牌的视觉让人一看就有强烈的品牌感，还让人过目不忘？（见图 1-41、图 1-42、图 1-43）。

因为这些品牌店铺的视觉，处处传达着统一的识别标识、统一的精神象征、统一的价值理念，以及统一的风格与统一的色彩。这些经过谨慎规划的统一标准，持续、普遍地应用于这些店铺的页面中。消费者在有规律、有标准的购物环境中浏览，该店铺统一而个性的标识在大脑中不断被强化，于是留下强烈印象，很难遗忘。

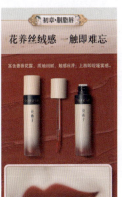

图 1-41　　　　　　　　　　　图 1-42

图 1-43

1.3.1　有品牌与无品牌思想的区别

有时候我们进入一家店铺，会发现这家店铺中每一个产品的拍摄角度都不同，配色五颜六色，字体、字号也是随心所欲的，各种PS特效争奇斗艳，一看就感觉这家的美工设计师花了不少心思，为每个产品都绞尽脑汁，不遗余力（见图1-44）。

图 1-44

但像这种百花齐放般的店铺很难让人记住,也很难让人产生品牌感,更不知其企业文化是什么。总的来说就是没有调性,没有品牌感,没有记忆符号,消费者看过就忘。

可以说,这些店铺的美工设计师已经很用功了,每种颜色、每个字体都有新的想法,这是非常花时间和精力的,却吃力不讨好,效果一点也不理想。

归根结底,这种店铺的装修没有树立品牌形象,风格、颜色、字体、字号、文案等没有一个统一的标准,一位美工设计师做出来的图像10个人做的,10位美工设计师做的图像100个人做的。

像深入人心的三只松鼠、花西子、茵曼这样的店铺,他们的产品拍摄、风格、颜色、文案都是有统一视觉标准的,并且所有创意都会围绕着这家店铺的企业形象、企业文化展开,而不是天马行空、信马由缰地随意虚构的。整个店铺的风格统一,在模特、配色、元素、文案等有统一标准的情况下,10位设计师做出来的作品整齐划一,就好像一位设计师做出来的,自然正规、大气,有品牌感(见图1-45)。

图 1-45

图 1-45 花西子店铺首页中的统一内容包括：

企业形象：体现东方精致美学理念，表达现代化 + 纯天然的制造工艺。

风格：中式古典、贵族、天然。

配色：墨绿、金、红。

标题：以古典宋体为主，每一级别的标题都统一格式。

拍摄：模特统一形象定位，统一比例，产品统一拍摄角度。

设计应该是一个自上而下的过程，先有品牌战略定位，后有具体设计。

1.3.2 品牌视觉标准的应用

每个品牌，小到网店及初创公司，大到像联想或华为这样的大型公司，都需要建立一套具有识别性和独特性的品牌视觉标准，以便公众能统一识别公司，最终能记住公司。

任何一个赚钱的行业都有很多商家竞争，因此，让消费者记住你的店铺，就显得尤为重要。所以，一定要在买家心中形成强烈的记忆符号，要占领消费者的心智，用好"视觉锤"，把自家店铺的名称、符号、印象等深深地注入消费者的心智中。

这种品牌视觉标准包括统一的名字、logo、slogan、字体风格、配色、品牌活体、摄影标准、文本基调，以及品牌的情感诉求，等等。

1.3.2.1 统一的 logo

以李宁官方网店为例，其首页分类商品展示图片的左上角，都统一加上了李宁的 logo（见图 1-46）。

图 1-46

还有耐克、特步、安踏、361等运动品牌,已经这么有影响力,仍然在店内店外各视觉图中无限次地重复使用 logo,如此之强的品牌意识,我们应该好好学习。

据阿里妈妈的数据统计,淘宝页面上加 logo 的图片比不加 logo 的图片点击率更高,大多数人更愿意相信品牌的力量。

但是所添加的 logo 必须是经过授权的,或者是自家拥有的,否则按违规处理。

1.3.2.2　用好 slogan

slogan 就是一个品牌的宣传口号。好的 slogan 简单而有个性,用一句话就能让消费者产生清晰定位,并且留下深刻印象,不容易遗忘。例如"今年过节不收礼,收礼只收脑白金",它通过不断地重复重复再重复,让人忘记很难。

再例如"农夫山泉有点甜""劲酒虽好,可不要贪杯哦""阿芙就是精油""巴黎欧莱雅,你值得拥有"等(见图 1-47、图 1-48)。

图 1-47

图 1-48

这些与众不同的个性化语句,可以添加到每一个页面当中,每一幅海报当中,然后不断重复,不断强化,深深地植入到消费者心智里去。考虑到马上要进入 5G 时代,预计视频展示将更为普遍,这些 slogan 可以出现在每个视频的开头或者结尾,成为视觉展示中的有力一击。

1.3.2.3　配色

每个企业都应该有自己的企业形象色,例如联想的蓝、可口可乐的红、百雀羚的绿。

色彩是品牌识别中的一个根本性元素,它能引发消费者情感上的反馈并留下长久的印象,科学研究表明,适当的色彩运用可使品牌辨识度提升 80%,而品牌辨识度与消费者的信任度有直接联系。

如果一个品牌总是惯用一种主色调,那么也会增加老客户的印象,增加消费者的记忆度。而搜索一个品牌时,页面上的色彩纷呈,毫无重点,对于这个品牌,消费者很难留下深刻印象。

例如打开特仑苏的页面,以"蓝"为主色调,其他配色是围绕主色调进行搭配的(见图 1-49、图 1-50)。

一个店铺的配色一般不应超过三种,分为主色、辅助色、对比色。

主色会尽可能多地在页面中出现,占页面的主导地位。

辅助色可以根据季节变化,根据促销内容变化,根据产品色彩变化。

对比色也叫作点睛色，就是在主色与辅助色上都很突出的颜色，可以点亮整个画面，也可以突出和强调某一信息（见图 1-51）。

图 1-49

图 1-50

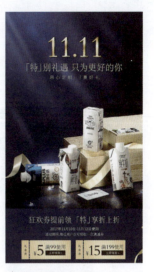
图 1-51

图 1-51 中特仑苏店铺的主色为蓝色，辅助色为白色，对比色为金色。

消费者每次打开特仑苏店铺，都会看到不同纹理、不同饱和度、不同明度的蓝色，搭配包装的白色，从而留下深刻印象，以至于平时想起这家店铺以及产品时，第一反应就是它的蓝色。

像特仑苏这样注重品牌形象的店铺进行装修，以及设计店铺内销售产品的主图与海报时，大部分设计会与形象色保持一致。当然也会根据季节、节日等因素有所变化，在设计有针对性的推广活动时，改变一下配色。

例如：以春节、圣诞节等特殊节日为表现内容的设计，这些节日本身具有红、绿、金等颜色属性，所以可能会以表现节日氛围为主，也就是以红、绿、金为主，而暂时改变以品牌形象色蓝色为主色调的设计主导思想（见图 1-52）。

图 1-52

一定要根据实际产品确定品牌色，还要分析目标客户。例如，经营孕婴用品的店铺，目标客户主要是年轻的妈妈，所以要用温和淡雅的色调，例如粉红、粉蓝、淡黄等。经营帆布鞋的店铺，目标客户主要是年轻时尚的青少年，要用干净、明朗的色调，例如天蓝、红、白、绿等。经营品牌手表及其他奢侈品的店铺，目标客户主要是高收入人群，追求品味、质感，要用低饱和度、低明度，稳重、大气的色调，如黑、灰、深红、深蓝等。男性化产品与儿童相关的产品，其品牌色的确定自然也有其自身的特点（见图1-53、图1-54）。

图1-53

图1-54

1.3.2.4　字体与字号

一家企业品牌标准的建立，离不开其中字体的统一。

与众不同、个性鲜明的字体，也可以让消费者对店铺留下深刻印象，增加消费者对品牌的识别度。例如花西子、花笙记（见图1-55、图1-56）。

图1-55

图1-56

花西子是2017年诞生于杭州、两年内迅速崛起的彩妆品牌，以东方彩妆、以花养妆，打造健康、养肤、适合东方女性使用的彩妆产品为理念。

围绕以上内容，花西子店铺每一版海报的字体都以古典宋体字为主，清新淡雅，隽永纤细；既保留了中国古典文化的典雅，体现了东方女性的精致温和，又横平竖直，辨识度高。字体和谐地配合产品与模特，让消费者留下"东方女性"的强烈印象。

花笙记是定位于年轻人的唐装，致力于唐装时装化的推动，为国人打开一扇门，令更多人发现传统文化之美。其选用的字体带有浓烈的中国古典文化气息，坚持以毛笔书法字体为主，笔法强劲有力，重点宣扬中国传统文化，和谐地配合唐装产品，令人印象深刻。

这种与店铺产品搭配和谐的字体，自始至终、统一而有细节变化地贯穿于所有店内图片，整体感很强，营造了浓厚的企业文化氛围，进一步加强了消费者的印象。

字体，就跟人的性格一样，是多种多样、各有特点的（关于字体的特点，将在以后的章节中进行详细讲解）。品牌形象中字体的确定，也要根据产品、产品受众的特点，相互对应地选择。

店铺中的所有文字不能毫无章法地忽大忽小，杂乱无序，让消费者感觉理解困难。字体与字号要统一规划，同一级别的标题要用同一种字体、同一种字号、同一种颜色，总之，同一级别的标题，格式要相同，让消费者看着条理清晰、主次分明。

统一的文字格式，在大批量作图时复制就可以，这样可以节约大量单独定义文字格式的时间。

1.3.2.5　品牌活体

所谓品牌活体，就是可以代表自己品牌形象的人或物，或者一个卡通形象。例如脑白金的笑眯眯的老头和老太太；霸王洗发水的商标人物；老干妈的商标人物；三只松鼠的小松鼠（见图1-57）；天猫的猫头；京东的小白狗。

并不是每家店铺都有自己的品牌活体，但是有品牌活体的店铺更容易让消费者产生强烈印象，不容易忘记。

三只松鼠更是围绕品牌活体发展出了松鼠文化，所有客服都有花名，例如：鼠小情、鼠小贱、鼠小儿等，并且把自己假定为一只小宠物，称每位消费者为"主人"，许多消费者由此而产生一种满足感，印象深刻。以至有文章评价说，"亲"是淘宝专有的，"主人"是三只松鼠专有的，可见其影响力之大。

三只松鼠甚至还自主制作了表情包，进一步推广了"松鼠文化"与"主人文化"（见图1-58）。

图 1-57　　　　　　　　　图 1-58

店铺拥有自己的品牌活体,赋予其精神内涵、文化内涵,并将其贯穿于自己的企业文化当中,形成一道独特的风景,处处都能让消费者感受到与众不同的、独一无二的内容,形成强烈的记忆符号,自然容易让消费者记住。

类似拥有自己品牌活体的店铺还有米其林、周黑鸭等(见图 1-59、图 1-60)。

图 1-59　　　　　　　　　图 1-60

1.3.2.6　品牌摄影

统一的、有文化气息的或者有其独特性的照片,是给消费者留下深刻印象的关键。

如果照片拍得不符合要求,再高明的电商设计师也做不出好的作品。

到底什么样的照片才符合要求?每家店铺都有自己的说法。这里总结了三点:

(1)确立自己的品牌定位。

试想一下,如果一个企业的老板都不知道自己要表达什么,那设计师该往哪个方向走呢?有可能设计师在不停地改图、修图,而老板仍旧感觉不好,至于哪里不好,老板也说不出来,因为没有方向。

一件商品要有定向人群,要有方向,要给自己的品牌定位,再给某一件商品定位,然后摄影师根据这个定位拍摄商品,设计师根据这个定位设计图片,才能达到预期的效果。

（2）要让消费者产生共鸣。

大部分消费者在浏览网页选购商品时，看到图片会想象如果自己用了这件商品会怎么样，这种感觉叫作"代入感"。

进行拍摄工作时，要有效利用人们的"代入感"，让消费者觉得这是一家有文化底蕴的品牌，或者觉得这就是自己未来希望的生活场景，觉得这家店铺是懂我的，与我有共同语言，与我的思想是一致的，让消费者对商品产生亲近感、好感，进而产生购买的欲望。

图1-61为木调香水的详情图片之一，松枝与光影营造的暗调，透明的深蓝色香水瓶，让人好像已经嗅到了幽暗大森林里一棵松树的清香（见图1-61）。

图1-62为某棉被店铺详情图片，温和的暖色调，透过窗帘的阳光，模特舒缓惬意的表情，使棉被的轻暖与柔软跃然"屏"上（见图1-62）。

图1-61

图1-62

（3）统一的拍摄风格。

拍摄风格的统一，可以让店铺形象整齐划一，有秩序感，提升用户的购物体验。如果这种统一很独特，更能让消费者产生强烈的记忆符号，进而一眼就能认出这家店铺的商品，达到增加品牌辨识度的目的。

例如初语家之前的模特眼睛上都画有一条白线作为妆容，现在改为大部分戴眼镜和帽子，并且采用灰色背景（见图1-63）；花笙记家的模特大都气质粗犷、五官深邃、留着长发，强调透着阳刚之气的男士形象（见图1-64）。

图1-63

图 1-64

统一的拍摄风格包括多个内容，例如：统一的场景、统一的模特、统一的道具、统一的角度、统一的光线、统一的应用场景，等等。每一件商品没必要完全遵从所有统一内容，只统一其中一项或者两项、三项就可以了。只要能够具有明确的品牌特征，使自家的商品具有一定辨识度就达到了目的。

例如京润珍珠家的珠宝，大部分采用粉色背景、同一倾斜角度拍摄；劲酒家的商品大部分采用白色背景加红色装饰、一点透视拍摄（见图 1-65、图 1-66）。

图 1-65

图 1-66

1.3.3　店铺树立品牌形象的好处

首先，站在消费者的角度，大多数人更愿意信任有品牌的店铺。品牌给消费者建立起第一层信任关系。

如果没有品牌，商家的竞争大多靠"价格战"。然而任何一个有品牌的企业都不是靠低廉的价格把企业做大的。举个例子：同样成本的一盒纯牛奶，品牌产品售价 6.5 元，某超市月销售 300 盒，非品牌产品售价 3 元，月销售 20 盒。消费者购买牛奶，会把安全、健康放在第一位，有品牌感的产品让他们更放心。

维持正常的价格，不打价格战，才能给消费者提供更好的产品质量和购物体验，因为产品一旦低于某个价位，就将影响企业的良好运行，导致产品的质量降低或购物体验变差。

通过在淘宝搜索某个类目的产品，查看销量排名就会发现，卖得最好的，不是最便宜的。

其次，有品牌感的店铺，浏览起来清晰、有秩序，消费者可以更专心地挑选商品，购物体验更好。在浏览过程中，店铺的标志性内容有规律地重复出现，不断在消费者脑子里强化，消费者对其留下深刻印象，复购率自然上升。

第三，统一了品牌形象，美工的设计工作有据可依，统统围绕一种主题进行创作，按照品牌形象统一风格、统一配色、统一字体，就好像做填空题一样，工作更简单、更有秩序，工作效率大大提高，设计师将有更多的时间雕琢自己的作品，提升自己的创作水平。

第 1 章实战（7）

新建尺寸为 800 像素 ×800 像素，分辨率为 72dpi 的文件，使用提供的素材，临摹小家电类目主图（见图 1-67、视频 1-7）。

第 1 章实战（8）

要求同上（见图 1-68、视频 1-8）。

图 1-67

图 1-68

视频 1-7

视频 1-8

第 1 章实战（9）

要求同上（见图 1-69、视频 1-9）。

第 1 章实战（10）

要求同上（见图 1-70、视频 1-10）。

图 1-69

图 1-70

视频 1-9

视频 1-10

1.4 电商设计工作流程

从事电商设计工作，其工作流程与其他平面设计的工作是不同的。

对于面向广大网络消费者的电商设计师而言，设计的主要目的是为了卖货，是为了销售，就是促使消费者通过点击手机屏幕上的图片完成购买行为。如果想设计出高点击率、高转化率的作品，一定要有计划、有方法地认真完成每一项工作任务。

1）运营制订营销计划

既然我们的任务是销售，那么一定要与公司的运营进行多方位的沟通。由运营提出营销计划，给出工作项目的大致需要。例如：fmart 的一款吸尘器要做一张直通车图。

2）设计师与运营沟通并整理思路

设计师拿到任务，积极询问运营，最主要的表达目的是什么？有没有什么其他需求？从而确定设计方向。

与运营一起参考同类竞品的设计，确定自家产品需要突出的主题，以及次要主题，确定本次设计需要表达的重点，并根据产品本身情况、竞品情况，选择合适的配色。

例如：fmart 吸尘器直通车图初步确定以黑 + 黄色为主色调；主题为吸尘器产品；主标题文案为"热销 100000 台"；副标题为"吸扫拖抹一体"和价格"989 元"。

3）运营给出任务表

根据以上运营与设计师的沟通，运营给出任务表，也可以叫作设计工作单（见图 1-71）。

第1章 先谋而后动

设计师工作单	
提交人	运营部 白子画
提交时间	8月10日上午9点
期望完成时间	8月11日上午9点
任务类别	fmart吸尘器直通车图
设计目的	促销
设计风格及需求	色彩搭配醒目、科技感、突出"热销100000台"、"吸扫拖抹一体"和价格"989元"。
必须出现的元素	品牌logo
设计尺寸	800像素×800像素
字体	思源黑体
参考范例	竞品**店铺扫地机器人直通车
任务完成日期	8月10日下午2点
任务完成人签字	设计部 花千骨
项目经理签字	鲁长老

图 1-71

4）设计师进行设计工作

设计师综合运用专业知识，寻找合适的配色比例、版式结构、字体样式，加上细致的产品精修等，初步完成设计任务（见图1-72）。

图 1-72

5）作品审查

设计完成后，作品是否符合要求？是否能够实现高点击率与高转化率？可以根据以下问题进行初步判断。如果能够对以下问题进行肯定的回答，则可以上传；如果不能做肯定回答，则对作品进行优化修改。

根据设计的主导方向不同，问题也分为两组，根据自己作品的主导方向对照进行。

（1）商品主导：

问题一：是否突出了利益点？（购买此商品，对客户有什么好处，对客户有什么帮助？）

问题二：促销信息是否明确？（购买此商品，有什么优惠、折扣、赠品？）

问题三：商品的卖点是否表达清晰？（此商品的作用是什么，亮点是什么？）

（2）活动主导：

问题一：是否突出活动主题？（客户秒懂你在搞什么活动吗？）

问题二：是否突出促销活动力度？（此活动是否值得客户去了解？）

问题三：这个设计是否吸引客户？（要综合营销、设计两方面考虑。可以通过试验得出一些真实数据进行判断。）

一般一张单独的设计图片，以上问题符合其中一项，就可以上传采用。如果没有，就需要将问题记录下来，并对作品进行修改。

综上所述，一个电商设计任务的工作流程大致如图 1-73 所示。

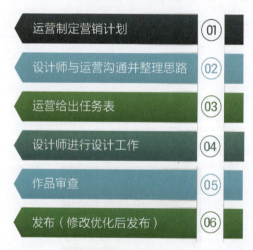

图 1-73

第 2 章

主图与直通车图的设计

2.1 什么是主图
2.2 主图的作用
2.3 主图的设计要求
2.4 主图的组成四要素
2.5 主图的构图方式
2.6 主图的类型
2.7 主图中色彩的应用
2.8 主图设计注意事项
2.9 卖点的提炼
2.10 设计一张高点击率的主图
2.11 颜色图的制作
2.12 直通车图设计
2.13 活动图片设计
2.14 鹿班与 Alibaba WOOD
2.15 引流利器——视频的制作

2.1 什么是主图

目前，通过手机进行网络购物已经非常普遍，以淘宝为例，消费者的购物流程一般是：打开手机淘宝 App，在搜索框输入关键词。如果想买双运动鞋的话，则输入"运动鞋"，单击"搜索"按钮，手机上便呈现出搜索结果。图 2-1 中出现的图片就是多家店铺的产品主图，其中带"HOT"三角标志的表示这件商品是直通车商品。消费者划动屏幕翻动浏览、挑选。当看到喜欢的商品时，点击主图，打开此商品的详情页。

打开详情页的第一屏，是此商品的小视频，没有视频的话，就是第一张主图。向左滑动屏幕，可以看到后面几张主图。

截至 2019 年 12 月淘宝平台大部分类目仍然设置了 1 个视频和 5 张主图，但服装类目是 6 张主图（第 6 张是长图，比例为"宽：高 =2：3"），还有小部分天猫商家最多能有 1 个视频加 10 张主图。其中第 6～10 张是新增的 5 张 SKU 图片，上面还悬浮显示了与当前 SKU 对应的评价（见图 2-2）。这 10 张主图有点击跳转详情/点击跳转对应 SKU 评价页的功能。

图 2-1

图 2-2

2.2 主图的作用

在这个碎片化的时代，消费者购物普遍是在零碎的时间进行的，一旦在搜索结果页面发现喜欢的商品，先点击打开链接，查看商品的几张主图，然后看一下评价，就决定购买或者加购物车了。有个共识就是"淘宝卖的不是产品，是图片"。

一张诱人的主图，卖家可以节省一大笔推广费用，这也正是有些店铺在没有做任何付费推广的情况下，依然可以吸引很多流量的主要原因。

之前认为最重要的详情页现在已经位居第二了，主图成为重要的商品展示空间，也是决定转化率最重要的环节。淘宝官方也发现了这个问题，所以在一定范围内先推出了10张主图展示，并且在第6～10张上面直接悬浮评价，大大缩短了购物流程。

一套优秀的主图，直接决定转化率的高低，而第一张主图，更具决定性作用。一套主图就相当于一组"微详情"，基本上满足了消费者只看视频和主图就做决定的要求。

所以，如此重要的五个展示机会，一定要合理、科学地利用。尽量不要在五张主图上出现相同内容，造成浪费（见图2-3）。

图2-3

图2-3中有四张主图展示的内容几乎相同，没有表达出更多的优势与卖点，浪费空间。

好的主图是商品的第一印象，应该以图2-4的五张主图为例，商家给每一张主图都安排了不同的内容，具有不同的作用。如服装类目建议从正面、背面、细节等内容分别展示，让消费者尽可能多地了解商品，尤其是商品的优点。

图2-4

其他类目，也要根据商品自身的特点，分别展示消费者最关心的内容，或者商品最具卖点的内容（见图2-5）。

图2-5

图 2-5 的这一套保温杯主图，商品突出，利益点明确。第一张主图表达了核心卖点"大容量"；第二张主图展示了使用场景；第三张主图是实际应用与产品细节；第四张主图介绍了产品的其他四个细节，也是四个优点、卖点；第五张主图是白底图。

一般情况下，5 张主图的作用可以总结为以下三点：

（1）第 1 张主图最主要的作用是"吸睛"。要吸引消费者看过来，还要吸引消费者点击。要花心思，下功夫，才能在众多搜索结果页面中脱颖而出。

例如，在搜索"牛肉拉面"商品时，以下搜索结果页面中，最想点击的，是右上角的一张（见图 2-6）。

图 2-6

因为这张照片在色彩、拍摄、构图等方面做到了与众不同。周围的照片大都是生硬的产品外包装，而这一张照片展示了一碗热气腾腾的面。周围的照片都是花花绿绿的场景，并塞满了文案，而这一张照片用了简单的黑色质感背景加一碗面，文案也简单明了。这种特别能勾起人的食欲的照片，成功吸引了消费者的眼球，也吸引了更多消费者点击、购买。

第一张主图有时也是商品的第一卖点图，表达此商品最具核心竞争力的优势。如果一位年轻女孩子想买一个大容量保温杯，图 2-5 的第一张主图很明显就符合要求，因为它表达的卖点就是"1000ml 大容量 24 小时保温"，并且是干净的粉色，很受年轻女孩子的喜欢。

（2）第 2、第 3、第 4 张主图的作用：一般展示商品的其他卖点或优点，或者展示多个颜色、多个款式、多种规格、产品细节，引起消费者的更大兴趣。也可以展现商品的应用场景，让消费者产生代入感，感觉自己应用时也会很好。或者根据产品本身的特点，展现购物保证、企业实力等（见图 2-7）。

图 2-7

消费者点击第一张主图进来之后，一般会希望对商品做进一步的了解。这时候在第 2 张、第 3 张、第 4 张主图继续介绍商品的优点，以及商品的其他细节，以满足消费者的需求，并加深消费者的印象。总而言之，5 张主图的第 1 张侧重引流，后 4 张侧重转化。

有些商家在第 4 张主图表现促销活动。因为消费者已经一张一张地看到了第 4 张主图，说明对此商品感兴趣，但是还没有下定决心购买。这时候表现一下营销活动，如降价、领券、满减、赠品等，告诉消费者下单的话有优惠，促进消费者下单的决心（见图 2-8）。

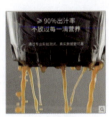

图 2-8

（3）第 5 张主图的作用：根据淘宝各类目的图片要求不同，天猫商家会把第 2 张主图做成白底图，淘宝店会把第 5 张主图做成白底图，以增加在手机淘宝首页推荐展示的机会（见图 2-9）。但是也有商家放弃这个机会，根据自家商品的实际情况，展示更重要的内容。

图 2-9

目前部分主图的数量由 5 张变为 10 张，第 6 ~ 10 张主图展示的宝贝 SKU 图片，例如一双鞋子的 5 种颜色，并浮现与 SKU 对应的随机抓取的评价。1 个视频加 10 张主图相当于一个拆解的详情页，所以，主图对转化率的影响将会越来越大。

2.3 主图的设计要求

主图的设计要求如图 2-10 所示。

主图图片格式 / 大小要求是什么？

主图分为四类，具体要求如下（兼容问题不支持 GIF 展示）：

类型	图片要求	备注
主图（即发布页"电脑端宝贝图片"）	大小 ≤ 3MB	1. 若图片宽高为 700 像素 × 700 像素或以上，详情页会自动提供放大镜功能。 2. 图片空间支持上传 gif 格式，但发布页、详情页均不支持使用和展示
	宽高无强制要求，展示效果可自己把控。 例如：700 像素 × 700 像素或 750 像素 × 1000 像素	
	建议"正方形"图片（即 1:1 的宽高）	
	上限 5 张（部分类目第五张的位置要求传白底图）	
3:4 主图	宽度 ≥ 750 像素	1. 设置 3:4 主图的前提是需要 3:4 主图视频。 2. 设置后宝贝详情页将不显示 1:1 的主图
	宽度 ≥ 1000 像素	
	宽高强制比例 3:4	
白底图（第五张主图）	上限 5 张	部分类目开放上传入口
	38KB < 大小 < 300KB	
	背景为白底（白色）	
	宽高建议 800 像素 × 800 像素	
长图（第六张主图）	宽度 ≥ 480 像素	1. 部分类目开放上传入口。 2. 点击上传后提供剪裁工具，不用自己剪裁
	宽高强制比例 2:3	
	宽高建议 800 像素 × 1200 像素	

图 2-10

2.3.1 前 4 张主图的设计要求

- 现在的主图要求大小 ≤ 3MB，有 1:1 与 2:3、3:4 三种比例。
- 新建 1:1 比例的主图文件时，尺寸建议 700 像素 × 700 像素以上，可以实现放大镜效果，一般设置为 800 像素 × 800 像素；制作 2:3 比例的主图时，新建文件的尺寸一般为 800 像素 × 1200 像素，最小不得小于 480 像素 × 720 像素；3:4 的比例设置为 750 像素 × 1000 像素。

- 另外，设置2∶3的主图的前提是，需要设置2∶3的主图视频。
- 考虑到手机竖屏的定势，相信不久2∶3的竖长形比例的主图将取代1∶1的正方形比例，因为2∶3竖长形的主图更适合在手机屏幕上显示查看。
- 设计主图时，图片格式可以是png、jpg、jpeg。

2.3.2 白底图与透明图

白底图可以增加在手机淘宝首页的曝光机会，透明图更是必不可少的门槛。猜你喜欢、有好货、淘抢购、大促活动、极有家、每日好店等入口，都规定了必须是白底图或者透明图。

白底图或透明图规则为：主体展示清晰完整，保证上下贴边或左右贴边，尽量撑满整个画布不要留白边（见图2-11）。

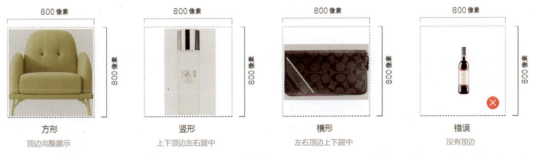

图 2-11

白底图要求文件大小在38KB ~ 300KB，具体要求如下。

（1）背景、底色必须为白色或者接近白色的灰色（色值：#FFFFFF）。

（2）图片尺寸：正方形，图片大小必须设置为800像素×800像素。

（3）图片格式建议为jpg和png。

（4）无logo，无水印，无文字，无拼接，无牛皮癣，无阴影。最好将素材边缘处理干净。

（5）图片中不可以有模特，必须是平铺或者挂拍，不可出现衣架、商品吊牌等。

（6）图片美观度高，品质感强，商品展现尽量平整。

（7）构图明快简洁，主体要居中放置。

（8）每张图片中只能出现一个主体，不可出现多个相同主体。

2.3.3 场景图

在手淘的不同导购场景中，例如极有家、每日好店、亲宝贝、iFashion等类目，会增加个性化场景图的展现机会，所以，对应类目可以制作上传场景主图。

场景图的规则为：主体展示清晰完整，背景氛围干净、美观，氛围背景元素及颜色简单，最好不要超过4种，无过度修饰（见图2-12）。

图 2-12

场景图具体要求如下：

（1）背景整体干净、清晰，背景不要过于复杂，建议不超过4种颜色，氛围干净。

（2）图片尺寸为800像素×800像素。

（3）主体与图片需居中对齐，视觉重心与画面保持居中，不要倾斜或超出格式大小，主体清晰、突出，周围不留白边。

（4）色彩正常不偏色，颜色对比不要过于强烈，禁止出现对比色，例如：红配绿。

2.3.4　第六张长图

第六张长图要求比例必须是2∶3（见图2-13），宽高建议800像素×1200像素，具体的上传位置与规则如图2-14所示。

图 2-13

第 2 章　主图与直通车图的设计

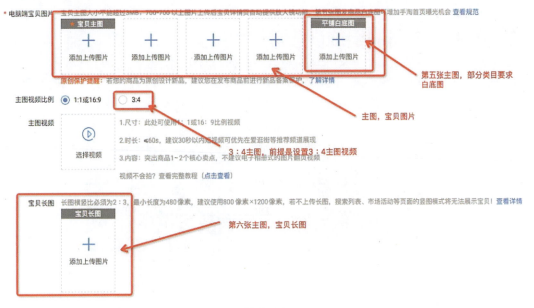

图 2-14

第 2 章实战（1）

新建尺寸为 800 像素 ×800 像素，分辨率为 72dpi 的文件，使用提供的素材，临摹食品主图（见图 2-15、视频 2-1）。

视频 2-1

第 2 章实战（2）

新建尺寸为 800 像素 ×800 像素，分辨率为 72dpi 的文件，使用提供的素材，临摹食品主图（见图 2-16、视频 2-2）。

视频 2-2

第 2 章实战（3）

新建尺寸为 800 像素 ×800 像素，分辨率为 72dpi 的文件，使用提供的素材，制作白底图（见图 2-17、视频 2-3）。

视频 2-3

图 2-15

图 2-16

图 2-17

2.4 主图的组成四要素

一般情况下,主图是由四部分组成的,即产品、文案、背景、logo,这也是主图的四要素。设计一张主图,至少需要四要素中的两个,才能满足传达信息的要求(见图2-18)。

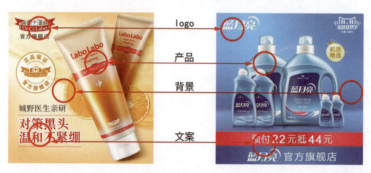

图2-18

2.4.1 产品图片

主图在整个电商设计中的地位举足轻重,一张优秀的主图可以提升点击率,进而促进销售。而主图中主体"产品"图片的选择与处理最为重要。

2.4.1.1 产品本身要足够大

鉴于目前网络购物的主要途径是手机,而手机的屏幕较小,所以,各个类目的产品主图有越做越大的趋势,以使消费者一眼就看到商品,看清商品。

消费者浏览电商网页的主要目的,就是为了购买商品,最想看到的就是商品本身。尽可能地放大商品,让消费者不受干扰地尽可能多地了解商品,是大部分主图的设计目标。

站在设计师的角度,商品本身做得足够大,还可以拉近与消费者的距离,使消费者产生亲近感、熟悉感,消费者感觉产品就在眼前,有促进点击的作用(见图2-19)。

图2-19

2.4.1.2 选择清晰、高精度的产品图片

一张清晰、漂亮的产品图片，本身就已经完成了设计的一大半。人的眼睛天生喜欢看清晰的内容，如果产品图片模糊，消费者一般选择直接略过，产品就失去了一次被消费者浏览查看的机会，更不会产生点击。所以，选择产品图片的第一要求，就是"清晰"。

"高精度"是指高分辨率的大图，只有这样优质的素材，才经得起PS的各种后期处理（见图2-20）。

图 2-20

2.4.1.3 选择拍摄角度合适的产品图片

主图展示的产品图片一般是产品的正面，根据产品的不同，展现角度也不尽相同。合理的展现角度不仅能够增强产品的立体感，同时可以让买家更加清晰地看到产品的全貌。并且，一个好的角度，可以让产品更灵动。而错误的产品拍摄角度，会让人看不懂或者不舒服（见图2-21）。

图 2-21

2.4.1.4 产品照片需要优化

在产品拍摄过程中，受光线、场地、器材等限制，往往拍出的产品照片不尽如人意，这时需要使用PS对产品照片进行优化。

产品照片的优化包括色调的调整、明度的调整、清晰度的调整、抠图处理，以及将产品重新绘制，即业界所说的"精修"，使产品照片更清晰、美观。图2-22的照片是优化前与优化后的对比。

图 2-22

2.4.2 主图的背景

好的背景能够起到充分烘托主题、让主题更突出的作用。有些背景还可以影响整个图片的风格、调性与氛围。

主图的背景一般分为以下几种类型：色块背景、渐变背景、场景背景、材质背景。

2.4.2.1 色块背景

色块背景是指简单地用一种纯色作为背景，或者用两至四种纯色块拼凑成背景。这种背景的制作方法简单，效果也比较平面化，不会给主题和文案造成困扰（见图 2-23）。

 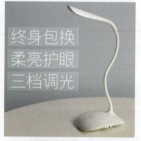

图 2-23

色块背景的颜色选取非常重要，因为人们在观察某一事物的时候，色彩是第一印象。如果想表达促销热闹、劲爆的氛围，一般选择温暖的红色与黄色；如果想表达产品的天然健康，可以选择清新的绿色（见图 2-24）。

图 2-24

如果希望自家产品的主图在众多的搜索结果中脱颖而出，必须选择一种与众不同的颜色。但是，所有背景颜色的选择都要以产品的颜色为设计基础，都要与产品的颜色搭配合适。能给消费者带来良好的购物浏览体验，才算是一个合格的设计。

2.4.2.2 渐变背景

渐变是指一种色相不同明度的变化，以及两种或两种以上不同色相的变化。部分渐变背景通过渐变位置与方向的设计，使背景具有指向性，可以更好地突出主题，信息表达更有次序（见图2-25）。

图2-25

2.4.2.3 场景背景

根据商品类目、性质的不同，拍摄商品时的场景也是有很大区别的。有些商品适合实拍，例如家居类室内场景实拍、服装类外景实拍等，不必再专门制作背景（见图2-26）。

图2-26

而有些商品适合在摄影棚内拍摄，大型商品使用大型摄影棚，小型商品使用小摄影棚，拍摄工作完成后，通过抠图等后期处理，为商品添加3D立体背景，或者其他现实场景作为背景，也可以合成一个虚构的场景作为背景（见图2-27）。

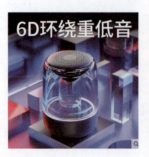

图 2-27

2.4.2.4 材质背景

为了更好地表达商品的某些特性，有些主图采用木纹、石材、纸张、水珠、金属、皮质等材质类的背景。这类背景有天然的肌理，有感质，细节更丰富，更能烘托商品天然、健康或者其他对应的特点（见图 2-28）。

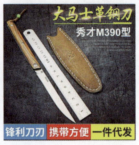

图 2-28

2.4.3 主图的文案

2.4.3.1 主图中文案的使用

有些类目的主图要求不能设计文案，例如部分女装类。因为一般浏览这类商品时，消费者关注更多的是商品本身的样式与风格等（见图 2-29）。

图 2-29

而功能类的商品主图必须添加文案,否则无法向消费者展现商品的优点、功能等。希望在主图上展示价格优势,或者突出销量业绩的话,就要添加醒目的数字文案(见图2-30)。

文案在许多类目的主图中占有重要地位,有些主图如果没有文案,就没有了主题,不知其所云,甚至有些主图没有产品,只有文案,就达到了吸引点击的目的(见图2-31)。

图2-30　　　　　　　　图2-31

2.4.3.2　主图中字体的使用

在一张主图中,文字与商品是两大重要元素,而字体又是文字的外在形式特征,展现了文字的风格。字体的选择直接影响信息的传达率,合适的字体能让主图的点击率得到提升。一款合适、美观的字体能给主图增色不少。

1)字体的分类

中国的文化博大精深,文字从有据可考的甲骨文到现在的各种美术字体,可以说是种类繁多,数不胜数,而能够在电脑上安装的汉字字体就有400种以上。英文字体的类型同样很多,除了我们熟知的微软字体Arial、Verdana、Georgia,还有很多其他公司开发的字体。如此众多的字体,应该如何合理使用,是一件重要的事情。

从电商设计的角度来分,字体大致可以分为7种:女性字体、男性字体、儿童字体、书法字体、高贵字体、促销字体、中性字体。

- 女性字体。

女性字体(见图2-32)的风格秀丽柔美,所有笔画的线条都是曲线、弧线。而弧线是各种线段中最具美感的。

图2-32

弧线就像女孩子的长发；弧线就像风吹过的湖面；弧线就像阳春三月舞动的柳枝……弧线表现的是一种温和、温柔、优雅与流畅的美。

用弧线做笔画的字体，边角圆润，造型优美清新，线条流畅，给人华丽柔美的感觉。这类秀丽柔美风格的女性字体一般适用于化妆品、饰品、日常生活用品、服务业等（见图2-33）。

图 2-33

- 男性字体。

男性字体（见图2-34）的风格稳重挺拔，共同点就是硬朗的直线条，笔划较粗，带着棱角。这类字体让人想起刀劈斧削的石块，想起一栋方方正正的建筑，想起坚硬冰冷的金属。

图 2-34

男性字体造型规整，富于力度，有一种简洁爽朗的现代感与科技感，自带视觉冲击力，这种个性的字体，适合于机械、科技、男性化的产品（见图2-35）。

图 2-35

- 儿童字体。

儿童字体（见图2-36）的风格活泼有趣，其共同点是感觉很圆润，每一个笔画都可以是圆或者椭圆，就好像小宝宝胖乎乎的小胳膊、小腿儿，还有圆圆的眼睛、圆圆的小脸儿，适当添加一些卡通造型，更能突出设计效果。

图2-36

儿童字体造型生动活泼，色彩可以设计得丰富明快，给人以生机盎然的感觉。这种风格的字体适用于儿童用品、运动产品、休闲场景等（见图2-37）。

图2-37

- 书法字体。

中国书法源远流长，门派众多，充分体现了我国古典文化的博大精深。书法字体（见图2-38）主要分为正、草、隶、篆、行五种。

图2-38

古朴、雅致的书法字体，让人联想起重阳节的茱萸、端午节的龙舟、新年的大红灯笼，还有五花马、千金裘……

这些古风古韵的字体，带着浓浓的传统文化气息。电商行业喜欢用书法字进行设计创作的有很多，根据商品类目及应用场景的不同，可以合理应用不同的书法字体（见图2-39）。

图 2-39

- 高贵字体。

字体当然不会分高贵与低贱，但是有些字体适合表现高级、低调而奢华的品质感（见图2-40）。就好像一些国际奢侈品牌，可以将设计做得冷漠、高傲，非常自我地彰显其调性，摆出不迎合、不低就的态度。

图 2-40

这一类字体一般纤细、简约，适合用在一些有贵重、稀缺、高冷、小众等特质的商品上，或者用在想表达商品高级、昂贵的设计中（见图2-41）。

图 2-41

- 促销字体。

在电商设计中,促销风格的字体最常见(见图2-42)。这类字体一般笔画较粗,字体辨识度高,自带视觉冲击力,搭配鲜艳醒目的颜色,就好像超市门口的彩旗、条幅,生动而热情,充分吸引着消费者的眼球。

图 2-42

促销风格的字体用于店铺促销,或者其他商业活动的场景非常合适(见图2-43)。

图 2-43

- 中性字体。

中性字体是指平淡,中庸,比较正式的字体(见图2-44),这种字体没有任何情绪的表达,不热烈也不冷淡,不强硬也不温柔。简单、直白、普通、常见,几乎适用于所有场合,同时没有什么突出的特点。

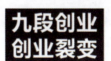
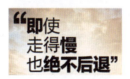

图 2-44

中性字体一般用在说明文字，或者二级标题上（见图2-45）。

图2-45

除了这些能够在电脑上安装的字体，在电商设计中，越来越多的人开始使用原创字体和再创造字体。

用笔在纸上把文字写出来，然后拍照导入电脑，经过加工处理后应用到设计中，这种叫作原创字体。或者直接用PS中的画笔写字，用C4D、AI软件绘制文字，也都叫作原创字体。

也有设计师在PS软件中，将输入好的文字转换为路径，运用"直接选择工具"调整路径，把原本的字体修改为符合设计要求的艺术字体，这叫作再创造字体；或者下载的笔画素材，一笔一画地重新组合加工成文字，这种也可以叫作再创造字体。

原创字体和再创造字体与直接在电脑上安装的字体比较而言，更有个性，更富有艺术气息，也更贴合设计师的设计理念，更能表达设计师的设计意图。但它的缺点是消耗设计成本，时间、精力的投入都会大大增加，所以，不适合大量使用（见图2-46）。

图2-46

2）字体的使用原则

- 法无定法。虽然在电商设计中字体有了以上分类，但是也没有必要一定遵从这些分类为主图选用字体。例如同样是童车主图，选用儿童风格的字体表现儿童的活泼可爱，是可以的；选用促销字体表达这款童车大力度的促销活动，也是可以的；选用书法字体表达这款童车在春节活动中热卖,还是可以的。并且,每一位设计师都有自己独特的想法,不必拘泥于规则。

- 辨识度最重要。辨识度高的字体,在第一眼看到这个字的时候能够马上认识,而辨识度低的字体需要的时间略微长些。经设计师们反复论证,发现各种黑体字体的识别度最高,衬线体(例如各种宋体)其次,书法体等艺术字体的识别度最低,需谨慎使用(见图2-47)。

黑体　　宋体

黑棋体　颜　楷

图2-47

- 字体的种类不宜过多。一张设计图上的字体一般不超过三种,这样的画面简洁、规整。如果一张主图包含超过三种以上的字体,则画面会显得杂乱。

> **提示**:不建议在电脑上安装大量字体,只安装几十种常用的即可。如果设计中有特殊需要,可以临时下载安装。否则,电脑上安装太多的字体,会影响电脑的运行速度,并且在众多的字体中查找当前所需要的字体也会比较消耗时间。

3)字体的版权

除了原创字体,大部分字体都是有版权的,必须有偿使用。每位设计师都会面临字体的版权问题,如果作品中用到了别人版权的字体,则很容易引起版权纠纷,给公司和个人带来不必要的损失。

网上有一些工具,可以检测自己电脑上的字体是"免费可商用"字体,还是"商用需授权"字体,弄清楚了再根据自己的需要使用。

目前电商行业用得较多的免费商用字体有:思源黑体、思源宋体、思源柔黑体、阿里巴巴普惠体、方正仿宋、方正黑体、方正楷体、方正书宋、站酷酷黑、站酷高端黑、站酷庆科黄油体、源流明体、站酷快乐体、王汉宗明体等一些漂亮的字体,百度搜索会有更多结果,不一一列举。目前以上字体开放使用,但并不代表永久免费。

华康的46款字体目前在阿里巴巴旗下使用是免费的,包括华康布丁体、华康彩带体、华康儿风体、华康方圆体、华康钢笔体、华康海报体,等等。

2.4.3.3 文案的可读性

当主图中出现超过两行以上的文字时,就要考虑消费者的阅读体验。在大部分情况下,人们阅读文字是按照一定规则阅读的,例如先上后下,先左后右。如果文案没有规律地随意展示，不能让消费者一眼读懂的话，消费者会放弃阅读，从而降低了设计的信息传达率。而整齐的字体排列，会让人产生秩序感，方便消费者阅读（见图2-48）。

图2-48

文案做到更好的可读性，要注意以下几点。

- 设计主图上的文案时，要考虑消费者的阅读习惯，读起来是否顺利、舒适。
- 文字的大小是否合适，太大的字空间显得拥挤，太小的字看不清楚。
- 文案的颜色是否能够与背景形成对比，达到醒目的效果。
- 文案的背景是否能够凸显文案，让文字看起来更清楚。如果背景杂乱，会干扰视线。
- 文案内容要分清主次，可以分为一级标题、二级标题、三级标题，不能全部都想突出。想突出表达的越多，得到的越少。

2.4.3.4　文案信息的层级

一张主图的空间有限，消费者浏览主图的时间更是有限，设计师要在尽可能短的时间内让消费者看到设计师最想让其看到的内容，如果成功吸引到了消费者的眼球，则消费者会接着看下一层级的内容。

所以主图中的文案不能全都一样格式，要合理应用字体的大小、粗细、颜色来分清主次。一级标题最突出，然后是二级标题、三级标题。

图2-49的A&C吸尘器主图中，浅黄色大字"大功率吸尘器"为一级标题，位置在上面，笔画粗，清晰且突出；年货价"288"的数字用黄底红字，字体醒目，是二级标题；logo标志、"限量送"和"除螨无耗材 法国原装"字体较小，笔画也较细，为三级标题；右上角的产品种类介绍"六色炫彩·岂止于生活"字号最小，笔画最细，人们对此产品感兴趣之后，才会注意到它，它是四级标题（见图2-49）。

设计师利用字体的大小与颜色，形成标题的层级次序，成功地引导消费者，同时也遵从了消费者的浏览习惯。并且，考虑到人类总是被强对比色彩吸引的特性，从上到下，从左到右，把希望消费者注意到的信息主次分明地表达给了消费者。

图2-49

2.4.4 主图的 logo

logo 是徽标或者商标的英文说法，有助于对 logo 拥有公司的识别和公司推广。通过形象的 logo，可以让消费者记住公司主体和品牌文化。

logo 一般由简单的图形与文字结合而成，也有的只是图形或者只是文字。例如李宁、361°、联想、海尔（见图 2-50）。

考虑到品牌营销策略，设计师设计主图的时候，除了严格要求的白底图之外，尽量在主图上添加自己的 logo，加深消费者的印象，促进消费者产生信任感。

logo 根据自身的形状、特点，一般放置在主图的左上角，大小适中，不能因追求广告效应而无限放大，也不能太小影响辨识度（见图 2-51）。

图 2-50　　　　　　　　　　图 2-51

大部分主图都是由"商品主体、文案、背景、logo"四个元素组成的，也有只有主体+背景，或者文案+背景的特例，但所有主图的目的，都是为了吸引消费者的眼球，并更好地传达信息。尤其是第一张主图，设计师经过了解竞品、了解自家产品、谨慎而全面的思考，然后才开始动手设计的。

第 2 章实战（4）

新建尺寸为 800 像素 ×800 像素，分辨率为 72dpi 的文件，使用提供的素材，制作圣诞节活动主图（见图 2-52、视频 2-4）。

第 2 章实战（5）

新建尺寸为 800 像素 ×800 像素，分辨率为 72dpi 的文件，使用提供的素材，制作七夕节活动主图（见图 2-53、视频 2-5）。

第 2 章实战（6）

新建尺寸为 800 像素 ×800 像素，分辨率为 72dpi 的文件，使用提供的素材，制作化妆品主图（见图 2-54、视频 2-6）。

视频 2-4

视频 2-5

视频 2-6

图 2-52　　　　　　图 2-53　　　　　　图 2-54

2.5　主图的构图方式

作为一名电商设计师，一定要了解消费者浏览电商网页的主要目的是购物，消费者最想看到的是商品。所以主图无论是用哪一种构图方式，都要以突出商品或者商品卖点为目的，主题一定要放在最显眼的位置，一切干扰主题表现的元素都要避免。

根据商品造型的不同和想表达的主题的不同，主图中各个元素的构图方式也有很多，以下是比较常见的几种主图构图方式。

2.5.1　特写式构图

由于当下电商购物的工具主要是手机，而手机屏幕比较小，所以这种将商品放大、只展示局部的特写式构图，是目前主图构图方式中的首选（见图 2-55）。这种构图方式的优点是尽可能大比例地展示主体。

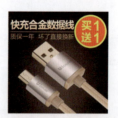

图 2-55

2.5.2 上下型构图

由于目前部分主图是竖长方形尺寸比例，在这种比例的前提下，大多数商品都适合上下型构图。传统的正方形主图也有一些是上下型构图的，即文案在上、商品在下，或者商品在上、文案在下。这种构图方式稳重、大气，比较适合表达商品的品质感（见图2-56）。

商品在上、文案在下的构图方式一般为活动主图。

图 2-56

2.5.3 左右型构图

有些商品造型比较细长，就比较适合将版面纵向划分，形成左右型构图：文字在左边，商品在右边；或者商品在左边，文字在右边。这样设计比较严谨、大方，是一种比较常见的常规构图方式。

左右型构图设计，一定要主题突出，文案要有对比，有层次（见图2-57）。

图 2-57

2.5.4 对角线构图

由于主图展示尺寸较小,所以要合理地利用空间,最大化地展示主题,所以对于某些竖长型商品,对角线构图方式是一个比较好的选择。有些需要表达的文案内容较多时,也可以采用对角线构图,在把商品展示得更大、更直观的同时,放更多的文案主题(见图2-58)。

图 2-58

2.5.5 压住四角构图

把商品放置在主图正中间的位置,文案和图形分散在主图的四个角落,图片显得稳定、丰富,适合功能性商品(见图2-59)。

图 2-59

采用这种压住四角的构图方式时，要注意的两点是：第一，排版一定要注意主次，不要喧宾夺主；第二，不是要用元素把四个角都压住，而是要合理利用元素的布局实现整个版面的平衡即可，不一定在四个角上都填满内容。

2.5.6 传统促销版式构图

电商每年都会举办多次节日促销，这种促销活动大部分都会采取一种传统的促销排版方式，即把促销方案以醒目的颜色放在最下方，整个促销主图的色彩也比较艳丽。每次促销都有统一模板，凡参加促销的商品都采用这种统一的促销模板构图。有些店铺自主做促销活动时，也会采用这种传统促销构图，所以这是一种常见的、传统的、几乎不会过时的构图方式（见图2-60）。

图2-60

2.6 主图的类型

做任何设计都不是天马行空、漫无目的的，尤其是电商设计，每一个作品都有其设计方向，都有其表达目的。根据商品类目、表达主题的不同，主图大致分为四种类型。

2.6.1 促销、活动类

无论哪一个类目，每家店铺都曾做过促销活动，每个活动都根据商品性质的不同，节日的不同，季节的不同等，有对应的区别。但是一般情况下，做促销、做活动的主图，都色彩鲜艳，促销内容突出、醒目，添加一些活动、促销的元素。相对其他类型的主图，卖家会使出浑身解数吸引消费者的目光，从而更突出，更抢眼（见图2-61）。

图2-61

2.6.2 形象类商品

形象类商品包括服装、鞋子、女包等，消费者更加关注的是商品本身的形象与价格。所以设计形象类商品主图的时候，文案尽可能简洁，或者不添加文案。装饰尽量少，不需要过多的修饰。采用更能烘托商品形象的简洁背景，一切以商品的美观与样式为主，注重展现完整、真实的商品本身（见图2-62）。

图2-62

2.6.3 功能类商品

功能类商品注重表现商品的功能，所以一般文案较多，这时候需要较强的排版功底。其主要的要求就是做到主题突出；文字大小有对比；粗细有对比；文字颜色有对比；整个设计有层次、有重点，主次一定要分明（见图2-63）。

图2-63

设计功能类主图的时候，往往因为文字过多，致使主次不清晰，消费者看不到主要信息，而大量的平级信息消费者又没有耐心逐个了解，一般会直接略过，从而导致信息传达的失败（见图2-64）。所以，在介绍自家产品的同时，一定要注重客户体验，站在消费者的立场，检查设计是否做到了主题突出、醒目，让人"一眼见""秒懂"。

图2-64

2.6.4 展现品牌调性、产品品质类

根据商品类目的不同，价位的不同，所对应的消费群体也不同。例如奢侈品或者相对

价格较高的商品，所对应的人群消费水平也较高，此类型的消费者所注重的焦点将不再以价格为主，而是以商品品质或者知名品牌为主。

在做展现品牌调性、展示产品品质类的主图时，要充分考虑面向的消费群体和消费群体的消费取向，以商品的高端品牌与高端品质为侧重点，用简约、大气的设计做出充分的表达（见图 2-65）。

图 2-65

第 2 章实战（7）

新建尺寸为 800 像素 ×800 像素，分辨率为 72dpi 的文件，使用提供的素材，制作主图（见图 2-66、视频 2-7）。

第 2 章实战（8）

新建尺寸为 800 像素 ×800 像素，分辨率为 72dpi 的文件，使用提供的素材，制作主图（见图 2-67、视频 2-8）。

第 2 章实战（9）

新建尺寸为 800 像素 ×800 像素，分辨率为 72dpi 的文件，使用提供的素材，制作主图（见图 2-68、视频 2-9）。

视频 2-7

视频 2-8

视频 2-9

图 2-66　　　　　　图 2-67　　　　　　图 2-68

2.7 主图中色彩的应用

色彩是人类感受外界事物的第一感觉,所以它形成的感受至关重要。据科学家研究,色彩可以作为情感的催化剂。正确地使用色彩,能够刺激或安抚人们的情绪,唤起美好的记,忆打造个性品牌概念,最重要的是,可以利用色彩创造一种"震撼人心"的效果,也可以创造最佳的"色彩氛围"刺激观众的购买欲。因此,设计制作店铺用到的每一张图片,选择色彩是至关重要的一个步骤。

在各种各样的促销活动中,例如"双 11""双 12""年终大促"等大型促销活动中,各个店铺无论平时定位是什么色彩,都会换成红色系促销模式,并不仅仅是为了带来喜庆的欢乐感,更重要的是在心理上起到促进下单的作用。

色彩可以做情感的催化剂,运用恰当的色彩,能够影响买家的情绪,提高店铺的点击率与转化率。

在设计师开始进行店铺的装修设计之前,首先需要根据店铺与产品的实际情况,确定该设计的风格、颜色和架构。而风格与颜色又是密不可分的,所以在电商设计中,颜色的选用非常重要。

2.7.1 色彩的重要性

首先,色彩能帮助我们强化品牌形象。

在前文中我们提到,很多品牌有自己的形象色,例如,百事可乐的蓝与可口可乐的红、百雀羚的绿、巴拉巴拉的黄,等等。统一的品牌色能增加消费者对品牌的辨识度,留下深刻的印象(见图 2-69)。

图 2-69

其次,色彩决定风格。

在电商设计中,根据产品自身的特点,或者店铺的特点,以及设计目的的不同,作品要表现不同的风格，而风格的表现主要依靠色彩的不同搭配。

例如，儿童用品与男士用品的主图风格有着天壤之别，配色方向当然也有很大区别（见图2-70）。

图2-70

图2-70的左图采用了柔和干净的淡粉色，搭配可爱的卡通形象，很好地表达了儿童天真、稚气的风格，让消费者，即主要是年轻妈妈的消费者产生好感，从而产生点击、购买的欲望。

图2-70的右图采用了低明度、低饱和度、接近黑色的蓝色，搭配产品的金属质感，很好地表达了产品沉稳、利落、有科技感的男士风格，符合一般男士的审美倾向。

例如，青春少年的时尚服装与成熟男士的商务服装的色彩也是各不相同的（见图2-71）。

图2-71

左图采用高明度的天空蓝，充分体现干净有朝气、年轻又阳光的青春气息；右图采用低饱和度的绿色做背景，搭配深色正装，成熟、稳重的商务风格跃然屏上。

第三，色彩让作品能更好地表达主题。

例如即使同一家店铺，同一种产品，春季上新的主图与促销活动的主图也是不同的配色（见图2-72）。

图 2-72

人们对某一事物的第一印象，首先就是颜色。合适的颜色搭配，能够更好地表达主题。在图 2-72 的左图中，树叶的浅绿色与盒子、文案的淡黄色，充分地表达了春夏季节的阳光与自然，与文案"春夏新风尚"搭配和谐，"春夏新品、补水面膜"的主题也就更明确。

图 2-72 的右图是元旦与圣诞"双旦"促销主图，背景采用促销活动常用的红色背景，热闹、温馨，高级而时尚的节日气氛，很好地烘托了主题"双旦促销、补水面膜"。

第四，合适的色彩搭配能让消费者感到舒服，产生代入感，提升购物体验。

大部分商品都有面向的人群，会有一定的指向性。针对自己的客户消费群，配以合适的色彩，会让消费者感到被理解，被接纳，产生熟悉感与亲切感。

例如同样是民族风格的服装，搭配不同的背景，将会产生不同的效果（见图 2-73）。

图 2-73

在图 2-73 的左图中模特站在室内，温馨淡雅的米色背景墙，旁边摆着一架木制雕花钢琴，让消费者不禁产生代入感，想象自己穿上这件红色古典连衣裙，也会如此优雅、精致，带着欧式古典的浪漫。

在图 2-73 的右图中模特站在蓝色天空、绿色草地中，让消费者也心向往之，想象自己也站在广袤的草原天路，有清凉的风展开绣花的裙裾。

2.7.2 色彩的基础知识

色彩学，或者说，配色的技能，是设计师最需要的基本技能之一。对于色彩的认知和配色的技巧，大部分人拥有天生的感悟力。色彩与人的心理、情绪有一定的关系，利用这一点可以在设计作品时给消费者形成独特的心理感受，或者留下深刻印象。不同的颜色还会带给消费者不同的感觉。

自然界有许多种颜色，我们生活在五彩缤纷的世界里。将这些色彩进行分类的话，可分为无彩色和有彩色两类。

无彩色是黑、白及深浅不同的灰色，这些色彩不包括在可见光谱中，所以称为无彩色。

有彩色是指可见光谱中的红、橙、黄、绿、蓝、紫六种标准色（见图2-74），以及其混合色。

2.7.2.1 色彩的三要素

有彩色系的颜色有三大基本特性，即色相、纯度、明度，也叫作色彩的三要素，或者叫作色彩的三种属性（见图2-75）。

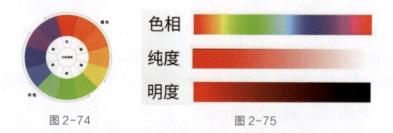

图2-74　　　　　　　　　图2-75

色相：即色彩的相貌，例如红、绿、黄等。

纯度：也叫作饱和度，是指色彩中所含有色成分的比例。饱和度高的颜色鲜艳纯净，饱和度低的颜色灰暗。

明度：也叫作亮度，即色彩的明亮程度。

2.7.2.2 色彩的冷暖

色彩本身是没有温度的，但是人们看到红色、橙色、黄色等颜色时，会联想到太阳、火焰，会有炽热、兴奋、热情、温和的感觉；看到蓝色会联想到天空、冰雪、海洋等，给人镇静、凉爽、开阔、通透的感觉。所以，色彩根据色相分为暖色调与冷色调（见图2-76）两种。

冷暖色

图2-76

一般人们有关夏季的设计比较喜欢用冷色调，会感觉凉爽而舒适；有关冬季的设计喜欢用暖色调，会给人温暖的感觉（见图2-77）。

图 2-77

黑白灰没有冷暖的区分，属于中性色，几乎可以与任何颜色搭配，帮助有彩色表达主题。

2.7.2.3 色彩的膨胀与收缩

同样大小，同样形状的图形，由于颜色不同，给人的感觉大小也会不同（见图2-78）。图2-78中黑点与白点实际上大小是一样的，很多女孩子都知道穿黑色丝袜显瘦，是一样的道理。

图 2-78

明度高、暖色调的物体会给人膨胀感，例如红色、粉色、白色、橙色、黄色、嫩绿色。而明度低、冷色调的物体会给人收缩感，例如黑色、藏青色、深蓝色、蓝绿色（见图2-79）。

图 2-79

2.7.2.4 前进色与后退色

由于不同波长的色彩在人的视网膜上成像有前后，类似红、橙这样光波长的在后面成像，感觉比较迫近；类似蓝、青色光波短，在前面成像，感觉就比较远。图2-80中黄色感觉离眼睛更近，而蓝色较远。

图 2-80

根据人们对色彩距离的感受,可把色彩分为前进色和后退色两种。前进色是人们视觉距离短、显得凸出的颜色,反之是后退色。

一般色彩处于以下状态有前进感:高明度,高纯度,暖色相。

一般色彩处于以下状态有后退感:低明度,低纯度,冷色相。

在电商设计中做促销、搞活动时一般使用前进色,拉近与消费者的距离;而一些强调品牌调性的商品一般用后退色,营造高冷的距离感(见图 2-81)。

图 2-81

2.7.2.5　积极、活泼的颜色与沉静、庄重的颜色

在电商设计中,根据商品类目的不同,需要表达的情绪也不一样。例如,表达青春少女的活泼可爱与成熟稳重男士的低调沉稳,需要用完全不同的色彩。

一般前进色会给人活泼、有朝气的感觉;后退色会给人庄重、沉稳的感觉。

情绪的营造一般不是单一的色彩,而是由两种或两种以上颜色搭配而成的(见图 2-82)。

图 2-82

2.7.2.6 软、硬色

色彩的软、硬与明度有关，明度高的颜色感觉软，例如浅粉色；明度越低感觉越硬，例如黑色。软硬也与形状有关，造型圆润的感觉较软，给人以亲近感；造型尖锐的感觉较硬，更威严，更有力量感。除此之外软硬与材质也有重要的关系（见图2-83）。

图 2-83

2.7.2.7 艳丽色、朴素色

色彩的饱和度直接影响设计风格的艳丽或者朴素。高饱和度、中间明度或者高明度的色彩，艳丽、鲜艳；低饱和度、低明度的色彩，质朴、复古。所有的色彩加上光效都会显得华丽、辉煌，散发着光芒（见图2-84）。

图 2-84

2.7.3 色彩的搭配

配色是设计师的必备技能，即通过色彩的色相、明度、纯度的对比来控制视觉刺激，达到所需的效果。配色不是凭感觉，配色是有技巧的。

2.7.3.1 配色比例

设计师前辈们总结了最合适的配色比例（见图2-85）。

通过以上配色比例可以看出，设计中一定要有一种颜色作为主色，主色占70%，要让受众一眼就能看出这款设计最主要的色彩是什么；其余的25%作为辅助色。

设计中要有点缀色，虽然只占5%，但点缀色一般是与主色形成强烈对比的颜色，能够提亮画面，丰富细节（见图2-86）。

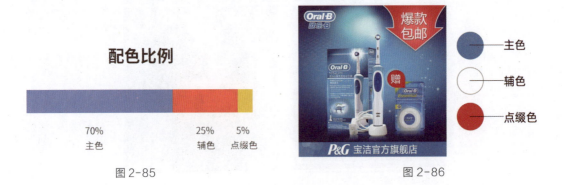

图2-85　　　　　　　　　　图2-86

2.7.3.2 减少主要色彩

我们一直在重复一句话："越简洁，越有力量"，画面中的颜色越少，作品越显成熟，设计的信息传达越到位，并且用色少比较容易把控设计效果。一般设计中的主要色彩（色相）不超过三种，其中黑、白不包括在内（见图2-87）。设计节日气氛的作品时可以让色彩缤纷多样化，让画面更活跃，但是一定要有主有次，不然会显得杂乱。

图2-87

2.7.3.3 常用的色彩搭配方法

- 同类色搭配。

同类色搭配是在色相环中距离最近、颜色也相近、对比很弱的一种配色方法，这样搭配不容易出错，比较和谐，缺点是有可能显得单调（见图2-88）。

配色关键词：和谐、统一。

图 2-88

- 邻近色搭配。

与同类色相比,邻近色在色相环中距离稍远,对比稍强,画面也更丰富活泼,更有层次感,同时也不失平衡与稳健(见图 2-89)。

配色关键词:调和、稳健。

图 2-89

- 对比色搭配。

好的设计绝不缺乏对比,其中色相的对比非常重要,还有明暗的对比、大小的对比等。对比色在色相环中的距离较远,对比也比较强烈,画面的冲击力大大增加(见图 2-90)。

配色关键词:丰富、有冲击力。

图 2-90

- 互补色搭配。

互补色在色相环中的距离最远，对比也最强烈，是最有冲击力的配色方式，效果强烈、响亮、粗暴，容易产生粗俗、不协调的印象。

所以在使用互补色搭配时，一般应提高或者降低其明度，降低其饱和度，让表达不至于过于强烈（见图2-91）。

配色关键词：强烈、冲突、对比。

图2-91

- 四角色搭配。

四角色搭配包含的色相最丰富，对比强烈，比较难于驾驭，一般取其中一种色相为主色调，其他颜色作为辅助。四角色搭配一般用于美食、运动与儿童相关的设计中（见图2-92）。

配色关键词：丰富、多彩。

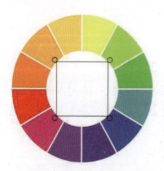

图2-92

2.7.3.4　如何选择合适的产品配色

面对一款产品，到底用什么颜色来搭配它？什么颜色做背景？什么颜色做点缀？这里介绍一种常用的方法，"吸色配色法"，即吸取产品本身的颜色，调整优化，作为此产品的背景色及其他搭配颜色（见图2-93）。

或者下载一张与产品类目相关的照片，将照片执行"滤镜"→"像素化"→"马赛克"命令，用吸管工具吸取得到的色块，经过细微调整之后，可以作为此产品的搭配颜色（见图2-94）。

图 2-93　　　　　　　　　　　图 2-94

2.7.4　常用颜色的特点

2.7.4.1　红色

大自然中的花朵、果实、太阳、鲜血等有各种各样的红色。纯红色的色感温暖、刚烈而外向，是一种对人刺激性很强的颜色。红色容易引人注意；也容易使人兴奋、激动、紧张、冲动。

据科学家研究，红色能给人的眼睛造成刺激，促进人们的购买欲，所以红色也是电商行业应用最广泛的颜色。

根据红色的明度不同，大致可以把红色分成三个类别（见图 2-95）。

图 2-95

- 浅红、粉红色给人的印象是纯净、柔和、梦幻、淡雅（见图 2-96），给人一种年轻、清淡、亲切、温和、幼嫩的感受。大面积使用会让人感觉舒适、温柔，因此被大量应用于化妆品、母婴、女装、服务业等女性行业（见图 2-97）。

图 2-96

图 2-97

应用浅红、粉红色做设计时，由于浅红、粉红色明度较高，比较干净，所以力量感较弱，没有冲击力，不适合做强有力的表达，并且这种颜色不能与发灰或者混浊的色彩搭配，否则容易显得脏。

- 大红/纯红是炽热、冲动、狂野的色彩，它能使肌肉的机能和血液循环加快，纯红色给人的印象是热烈、活力、力量、时尚、成熟，等等（见图2-98）。

图 2-98

大红色也叫纯红色，是中国传统的喜庆色，颜色自身就透着新年、新婚、红包等的喜庆气氛。在电商设计中，大红色也是一种非常有力量的色系，能够充分刺激消费者的视觉神经，激发起购买欲。所以大红色是电商促销活动的首选色。

在自然界中，大红色的果实代表着成熟，在设计工作中往往也用大红色表达女性的成熟美。

在所有色系中，红色的波长最长，最先到达人类的眼底，这也是红绿灯设置的原因。所以，红色永远最夺目，非常适合做主色调（见图2-99）。

图 2-99

由于大红色过于刺激、紧张，所以在需要激发这种情绪时可以适当使用。如果需要表达比较安稳、沉静的情绪，则不适合用大红色。

- 深红色给人的印象更加成熟、端庄，更显正式与商务，常表现一些奢华的商品（见图2-100）。

深红色本身就是一种比较有质感的颜色，多用于表现有品质感的商品，或者年龄偏成熟阶段使用的商品。这种低明度、低饱和度的颜色能够很好地诠释大品牌的奢华与高贵，以及女性的成熟与优雅（见图2-101）。

图2-100

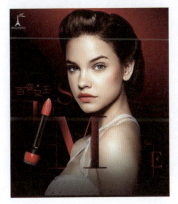 

图2-101

深红色配以有质感的背景，可以较好地表达高品质、有内涵的设计作品。但是由于深红色的明度与饱和度较低，质感厚重，沉闷消极，容易产生低落与忧郁的情绪，所以应用时应予以充分考虑与权衡，建议使用局部提亮的方法形成明暗对比和光影对比。

2.7.4.2 蓝色

蓝色是最冷的色彩，代表着天空与海洋，也是被众多人喜欢的颜色。明亮的浅蓝色能表达婴儿的纯净、稚气；黯淡的深蓝色能表达绅士的低调、刚毅与优雅；纯净的蓝色表现出一种美丽、文静、理智、安详与洁净，可应用在现代化的电器、网络、智能产品设计中。

蓝色大致可以分为浅蓝、纯蓝、深蓝（见图2-102）。

图 2-102

- 浅蓝色象征着纯净、清凉、宁静、明朗，常用在儿童用品、化妆品行业、洗护用品等。尤其是柔和、健康的青少年使用的化妆品，常用浅蓝色背景（见图 2-103、图 2-104）。

图 2-103

图 2-104

因为浅蓝色明度高，颜色浅，又是冷色调，所以，做广告比较没有力度，画面容易乏力而苍白，正确的做法是添加高饱和度的暖色，与冷色调的蓝色形成对比，画面会显得更丰富，更鲜活。

- 纯蓝色美丽、冷静、理性、年轻、广阔，自带科技感，经常应用在夏季服装的设计中；与白色、高饱和度的暖色搭配可以应用在与运动相关的设计中（见图 2-105、图 2-106）。

纯蓝色是典型的冷色调，负面印象是消极、冷漠、后退，一般用在情绪比较克制的主题上，设计中使用时要注意情境是否适用。

图 2-105

图 2-106

纯蓝色的表达根据颜色搭配的不同,也比较多样化。例如表达忧郁时,可与灰色系搭配;表达健康与活力时,可与高饱和度的暖色搭配。

- 深蓝色更沉稳,更低调,主要用于营造安稳、深沉,略带神秘的氛围。有质感的深蓝色高贵、高档,可以用在大品牌商品或者高科技产品的设计中(见图 2-107、图 2-108)。

图 2-107

图 2-108

蓝色能够营造一种科幻的氛围,让商品具有未来感(见图 2-109)。

流行的中国风、古典风,就包含典型的红蓝配色(见图 2-110)。

图 2-109

图 2-110

在设计工作中使用蓝色为主色调时，添加高饱和度的暖色调元素，将呈现积极的、饱满的、有冲击力的效果；而添加低饱和度的元素，将呈现沉稳、低调的效果，但要注意添加的内容是否合适，否则容易显得沉闷、压抑。在蓝色中添加高明度的光线元素，可呈现科技感。

不同的蓝色与白色相配，表现出明朗、清爽与洁净；蓝色与黄色相配，对比度大，较为明快；大块的蓝色一般不与绿色相配，它们只能互相渗入，变成蓝绿色、湖蓝色或青色，也是一种令人陶醉的颜色；浅蓝色与黑色相配，显得庄重、成熟、有修养。

2.7.4.3　绿色

看到绿色就想起了树木、小草、森林等，绿色是大自然的颜色，代表着生命、健康、新鲜、天然、清爽，给人生机勃勃的感觉，充满了希望与青春的活力。

在色相环中，绿色在蓝与黄中间，也就是冷色调与暖色调之间，所以它比较中性，也比较平和、安稳，紧张的情绪得到舒缓。

由于绿色有自然属性，所以常常应用于与健康、自然相关的行业。例如应用于与食物相关的设计，可以表达天然、健康、新鲜；应用于工业设计，会感觉安全、稳定；阅读的时候绿色能够放松视神经，缓解视觉疲劳。

绿色根据明度的不同也大致分为浅绿、纯绿、深绿三种（见图 2-111）。

图 2-111

- 浅绿色给人柔和、舒适、清新、清爽的感觉，像植物的嫩芽，满含着希望（见图 2-112）。

图 2-112

浅绿色用在与食品相关的设计时，适合添加高饱和度的暖色调搭配，增加作品的对比，充分表达食品的天然、新鲜、可口；渐变效果的浅绿色优雅、柔和、安全、和睦、宁静，适合用于家居、环保、户外等类目（见图2-113）。

图 2-113

浅绿色的负面印象是稚嫩、脆弱、无力感，要应用在合适的场合。

- 纯绿色象征着青春、生机、健康、自然，它充满了生命力，让人感觉生机勃勃，草木葱茏，这种积极向上、生机盎然的生命力是其他颜色所不能比拟的（见图2-114）。

图 2-114

应用纯绿色做美食类目的设计非常合适，纯绿色与高饱和度的暖色搭配，最能表现食物的美味可口；在设计中直接使用纯绿色的情况较少，一般混入蓝色或者黄色，色彩的质感更好（见图2-115）。

图 2-115

从理论上来说，没有难看的色彩，只有难看的搭配。在某些类目中，设计大胆的红配绿，色彩对比强烈而有个性；或者是经典的圣诞色，也是红配绿（见图2-116）。

图2-116

在应用纯绿色进行设计创作时，一般降低其饱和度，并混入蓝色或者黄色，可使画面更有质感。很少直接应用纯绿色。

- 深绿色给人的印象成熟、高端、自然、开阔，例如拥有高贵质感的墨绿、像原始森林一样的黑绿，等等（见图2-117）。

图2-117

深绿色厚重、成熟，应用在美食类目的设计中，一般表达食物的选材考究，价格昂贵；用在化妆品类目，比较适合偏成熟的用户，或者比较高档的产品（见图2-118）。

图2-118

华贵的中国古典风仍然在流行,不少的电商类目用中国红与碧青色,加上金色或黄色装饰来表达商品的高贵古典美(见图2-119)。

图 2-119

深绿色的负面印象是沉闷、压抑,不适合表达轻快、青春等主题。

绿色中渗入黄色为黄绿色,它单纯、年轻;绿色中渗入蓝色为蓝绿色,它清秀、豁达。含灰的绿色,仍是一种宁静、平和的色彩,就像暮色中的森林或晨雾中的田野。深绿色和浅绿色相配有一种和谐、安宁的感觉;绿色与白色相配,显得很年轻;浅绿色与黑色相配,显得美丽、大方。绿色与浅红色相配,象征着春天的到来。

2.7.4.4 黄色

黄色是所有有彩色中明度最高的颜色,象征着阳光、辉煌、轻快、明朗。在中国传统文化中,黄色象征着皇权,是只有皇帝才能使用的尊贵的色彩,所以它也象征着高贵。比黄色更能表达尊贵的是金色,但是金色不是一种色彩,而是一种质感,需要用材质特效来表达。

由于黄色的明度最高,并且黄色是暖色调的标准色,所以出现在设计中非常抢眼,是吸引眼球的利器。

设计中常用的黄色系大致分为黄色、橙黄色、褐色(见图2-120)。

明亮、鲜活、轻快　　辉煌、尊贵、可口　　庄重、怀旧、古朴

图 2-120

- 黄色灿烂、辉煌,有着太阳般的光辉,象征着照亮黑暗的智慧之光。轻快的黄色一般用在表达年轻、时尚、活泼的设计中。黄色可以和很多色彩搭配,黄色搭配绿色,可以表现食物的新鲜、健康;黄色搭配红色,可以表现商品的活泼、鲜亮;黄色搭配蓝色,可以表现年轻、潮流;黄色搭配黑色时,画面较有冲击力,同时黑色可以平衡黄色的跳跃感,变得稍沉稳而有力度(见图2-121)。

图 2-121

- 橙色是欢快活泼的光辉色彩,是暖色系中最温暖的颜色,它使人联想到金色的秋天,丰硕的果实,是一种富足、快乐而幸福的颜色。橙色比黄色更热烈,更成熟,更有温度,感觉也更热情;当橙色与深蓝色搭配时,能表达一种暗夜里的辉煌,神秘、高贵(见图 2-122)。

图 2-122

- 褐色象征着财富与权力,是一种骄傲的色彩,最能体现奢华的质感;当褐色与金色搭配时,低调、深沉而雍容的气息扑面而来(见图 2-123)。

褐色就是在黄色中加入了灰色，也称为咖啡色、茶色，饱和度与明度都较低，给人的印象黯淡而消沉，不适合用在积极的主题上，但是非常适合营造久经岁月的复古氛围。

图 2-123

总结以上内容，黄色适合表达明亮、积极，充满能量、温度与生命力的主题，因其明度较高，在所有颜色中最抢眼，吸引眼球的作用甚至优于红色。但大面积使用时有些刺眼，可适当添加明度低的其他深色平衡画面。

2.7.4.5 紫色

紫色是由冷色调的蓝色与暖色调的红色混合而成的，所以是一种感受复杂的颜色，它特殊而神秘，美丽而又充满诗意，给人深刻的印象，所表达的情绪也比较多样化（见图 2-124）。

图 2-124

紫色按照明度的不同，分为浅紫色、纯紫色与深紫色三种（见图 2-125）。

图 2-125

在西方文化中，紫色高贵而优雅；一般人们认为紫色是女性化的色彩，在紫色中加入白色，形成的淡紫色清新而唯美，充满了少女的梦幻与浪漫；在紫色中加入黑色，形成的深紫色神秘而高级，适合用于高端的美妆产品（见图 2-126）。

图 2-126

紫色除了与白和黑搭配之外,一般常见于与同类色或者同色系搭配,例如深紫与浅紫、粉紫与蓝紫、紫色的明度渐变,等等。紫色与黄色是互补色,所以这种搭配非常有冲击力,比较躁动(见图 2-127)。

图 2-127

紫色相对于其他颜色来说,更适合表达浪漫、神秘的女性主题,所以多用于与女性相关的设计,较少用于男性。

2.7.4.6 黑白灰

香奈尔品牌的创始人 Coco Chanel 说:"女人一心想着所有的色彩,而常会忽略了无色彩,黑色凝聚了所有色彩的精髓,它代表着绝对的美感,展现出完美的和谐。"

- 黑色具有高贵、稳重的意象,许多科技产品的用色,如电视、跑车、摄影机、音响、仪器的色彩,大多采用黑色。在其他方面,黑色的庄严的意象,也常用在一些特殊场合的空间设计中,生活用品和服饰设计大多利用黑色来塑造高贵的形象。

当世界上只剩下两种色彩的时候,那么应该就是黑与白,它们用光与影,就可以表达所有内容。一些国际品牌更喜欢使用黑白的设计，它让画面看起来更有故事性，更有历史感，并且可以使商品看起来更高贵（见图2-128）。

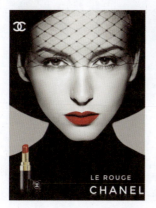

图2-128

- 白色具有高级、科技的意象，通常需和其他色彩搭配使用，纯白色会带给别人寒冷、严峻的感觉，所以在使用白色时，都会掺一些其他的色彩，如象牙白、米白、乳白、苹果白。在生活用品、服饰用色上，白色是永远流行的主要色，可以和任何颜色作搭配。大家都知道黑与白是百搭色。因为有彩色例如红黄蓝等都是情绪外露的，而黑与白则十分理智，没有情绪，甚至十分冷淡，与受众有距离感。这两种无彩色几乎可以做任何颜色的背景，或者与任何颜色放在一起，有助于更好地表达主题或者衬托主题（见图2-129）。

图2-129

设计界有句名言：少即是多（Less is more），目前电商行业也越来越注重主题的表达，因为人们没有时间了解你的设计，消费者希望画面更简洁，更聚焦，一眼就能看清楚主题。所以淘宝官方的主图一般都是纯白背景，不给主题增加任何干扰（见图2-130）。

图 2-130

> 提示：做设计时，一定要记住，越简洁越有力量。

- 增加黑色的明度就是灰色，降低白色的明度也是灰色，灰色具有柔和、高雅的意象，而且属于中间性格，男女皆能接受，所以灰色也是永远流行的主要颜色。

在许多高科技产品中，尤其是和金属材料有关的，几乎都采用灰色来传达高级、科技的形象，使用灰色时，大多利用不同的明度的变化组合或搭配其他色彩，才不会因为过于单一、沉闷，而有呆板、僵硬的感觉。

在色彩体系中灰色恐怕是最被动的色彩了，它是彻底的中性色，依靠邻近的色彩来获得生命（见图 2-131）。

图 2-131

黑、白、灰在色彩配色中占有相当主要的地位，它们活跃在各种配色中，最大限度地改变对方的明度、亮度与色相，产生出多层次、多品种的优美色彩，因此它们是最不可忽视的无彩色。

第 2 章实战（10）

新建尺寸为 800 像素 ×800 像素，分辨率为 72dpi 的文件，使用提供的素材，制作主图（见图 2-132、视频 2-10）。

视频 2-10

第 2 章实战（11）

新建尺寸为 800 像素 ×800 像素，分辨率为 72dpi 的文件，使用提供的素材，制作主图（见图 2-133、视频 2-11）。

视频 2-11

第 2 章实战（12）

新建尺寸为 800 像素 ×800 像素，分辨率为 72dpi 的文件，使用提供的素材，制作主图（见图 2-134、视频 2-12）。

视频 2-12

图 2-132

图 2-133

图 2-134

2.8 主图设计注意事项

- 发布商品主图时，要注意后台会提示主图文件大小不能超过 3MB，否则不能上传。建议不要超过 500KB，因为主图＋详情容量越大，买家浏览时加载速度越慢。
- 主图尺寸≥700 像素×700 像素，系统默认提供放大镜功能。
- 设计第 6 张长图时，要注意在手机上显示时，顶部出现的半透明遮挡，不要在此位置放置重要信息（见图 2-135）。
- 商品主图的表达主题要清晰，突出主题，弱化其他内容对主题的干扰。商品本身的面积占比至少 30% 以上，同时文字和水印的数量尽量减少，色块不能太多，尤其是不能干扰主体。某些主图单纯地为了提高醒目程度放大字体或者多个文字区域，甚至遮盖商品主体，影响买家的消费体验，这种干扰正常查看商品的牛皮癣图片，淘宝会给以不同的搜索排序处罚（见图 2-136）。
- 5 张主图尽量风格色调统一；尽量不要添加无意义的边框。
- 尽量不要将多张图拼在一起，一张图只反映一方面的内容。
- 注意产品细节的表达，细节是网购买家最想要了解的内容。

- 要添加 logo，提升品牌记忆，但切勿使用未经授权的品牌 logo，否则可能会被投诉。
- 淘宝官方制定了禁用词汇，并且不断更新增加。在电商设计中如果出现禁用词汇，将会受到商品下架、扣分等相关政策的对应处罚。具体规则可查看淘宝后台的相关规定。
- 禁止出现黄图、恶心图、违禁商品图、政治宗教敏感图、丧葬用品图。截至 2020 年 2 月，淘宝新广告法的禁用词可以扫右边的二维码查看。

禁用词

图 2-135

图 2-136

2.9 卖点的提炼

一个强有力卖点往往能够让你的宝贝在众多同类产品中脱颖而出，快速打开局面，在消费者心中占据一席之地。但是眼下的形势是"产品高度同质化"，同类竞品铺天盖地。

怎么能够为自家的产品和服务提炼出最吸引消费者的卖点呢？首先要明白，一个好的卖点，究竟是如何定义的。只有掌握好这个标准，我们才能在众多的卖点想法中，找到一个最适合被我们使用的。

2.9.1 好卖点的标准

标准一：差异化优势。所谓产品的卖点，就是跟竞品相比的差异化优势。所以，要先找到差异化，然后把差异化描述成"优势"。

竞争对手做不到、不敢承诺、还没有宣传出来的，你已经做到并且能够承诺，就应该率先提出，这样就很容易获取消费者的信赖。

例如图 2-137 这款云米净水器的卖点是"即热直饮"。

标准二：自身有实力做到。卖点不是忽悠消费者的口号，而是强有力的承诺。必须经得起市场和消费者的考验。例如某交换机承诺"一年换新，全新正品"，如果做不到，则将会给店铺带来很大的负面影响（见图 2-138）。

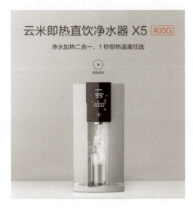

图 2-137　　　　　　　　　　图 2-138

标准三：卖点必须是消费者渴望或需要的。卖点所呈现的对象就是消费者，罗列如此众多的卖点，然后精挑细选，最后在主图上表现出来的，一定是买家希望看到的。

2.9.2　提炼卖点的方法

方法一：抓住产品本身的特点。

在电商平台上销售的商品种类繁多，每一种类的商品都有其各自的特点，每一件商品也有不同的特点。所以，提炼卖点的时候，首先产品本身的特点最重要，产品本身自有的特点往往就是最大的卖点。

例如图 2-139 的手机壳主图中，产品本身的特点"背板式金属边框"就是卖点。

图 2-139

方法二：满足消费者的真正需求。

先做换位思考，找出消费者最关心的问题；或者通过数据分析，了解大众的真正需求，然后结合自家产品的特点，提炼出对应的卖点。

例如同样是洗衣机主图，卖点各不相同，有"超大容量""变频节能""大件床品强力洗""新科技空气洗""专利涡轮不缠绕""迷你内衣洗衣机""紫光杀菌""静音低噪""桶自洁""手机智能控制""双层防烫罩""立体烘干""智能洗衣""德国工艺""婴儿服专洗"等，还有一些优惠与促销活动等。

具体哪个洗衣机主图作为第一卖点，哪个作为第二卖点，要考察大数据。可以购买"生意参谋"，查看行业热词排行榜（搜索量最高的词）和热店排行榜（销量最高的词）。

可以从销量较高的竞品的"问大家"中，检索最核心的词汇。例如下面这款产品大家最关心的问题是烘干效果和烘干时长（见图2-140）。

也可以从竞品的售后评价中总结消费者关心的问题（见图2-141）。

从搜索框弹出的关键词等地方也可以获得消费者的普遍需求（见图2-142）。认真设计好一张主图，花费大量的时间是正常的。

图2-140

图2-141

图2-142

方法三：利用消费者的心理特点。

消费者的心理特点包括从众、好奇、爱慕虚荣等，洞察这些消费者的心理，掌握消费者的购买动机，对吸引消费者有积极的作用。

方法四：卖点证明。

找出很不错的卖点后，还需要一个步骤，叫卖点证明。没有事实证明的卖点都是夸夸其谈，缺乏说服力，消费者只会一笑置之。

例如卖点"健康"可证明为"宝宝可用";"保暖"可证明为"零下20度一样适用";"新鲜"可证明为"果园采摘,顺丰直发";"抗摔"可证明为"四周气垫+颗粒设计,真正的全方位呵护"(见图2-143)。

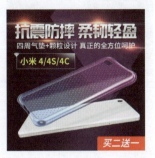

图 2-143

2.9.3 提炼卖点的二十二个维度

把握住以上卖点提炼的标准和方法后,下面详细讲解关于产品卖点提炼的二十二个维度及相关案例分析。课后可以练习在各种产品上套用,看看能否提炼出以前没有想到过的卖点。

维度一:价格与促销。

因为目前广大消费者最关心的仍然是价格与促销力度,所以大多数主图仍以此为卖点,以吸引消费者。图2-144的两个主图的卖点就是价格"1999"与"买1减20买2瓶减50元"。

图 2-144

维度二:产品的功能与使用价值。

消费者购买功能性商品时,最注重的卖点之一就是其功能是否有效?是否实用?或者是使用此商品的价值是什么。图2-145两个主图中,面膜的卖点是"滋深补水'解肌渴'";绞肉机的卖点是"8秒绞肉,双档双刀"。

图 2-145

维度三：质量。

产品质量是消费者最关注的一项。假如自己产品质量过硬，请不要吝啬，大胆喊出来。图 2-146 中烧水壶的卖点是"全钢机身"，杯子的卖点是"食品级 PP 材质"，都表达了产品的质量安全可靠，可放心使用。

图 2-146

维度四：突出销量。

人类都有从众心理，某奶茶有口皆碑的广告"杯子连起来可绕地球三圈"，就是利用了这种从众心理，大家都买，一定不错。图 2-147 中两个主图的卖点是"热销 50000+"和"全网热销 98 万台"，充分利用了消费者的从众心理。

图 2-147

维度五：服务与承诺。

顾客不仅仅消费产品，很多时候服务也是消费者购买会考虑的因素。这里的服务包括安装服务和售后服务，例如 7 天 /15 天无理由退换货，3 年保修，1 年只退不换，不好白送等。这种购物有保证的承诺，不仅可以瞬间吸引消费者，并打消消费者的疑虑，后期还可以形成口碑传播。

图 2-148 衣柜的主图中，卖点之一是"免费送货上门安装"；血糖仪主图的卖点是"5 年全国联保"。

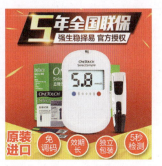

图 2-148

维度六：原料或原产地。

为了突出商品天然、健康等品质，某些主图的卖点为原料产地，或者商品本身的产地。

图 2-149 的两张主图中，线香的卖点为配料"艾草"，并进行了简单介绍；软糖的卖点之一是"澳洲原装进口"。消费者通过这些原料或原产地的认识，对商品产生信任感。

图 2-149

维度七：时间。

大部分店铺，尤其是服饰相关类目，在每个季节之初都会上架新品，并随之做一些促销活动，每年妇女节、劳动节、元旦等节日也会推出促销活动。消费者熟悉这一规律之后，会在此时积极购物。所以用时间作为卖点也是一种常见的做法。

图 2-150 中运动鞋主图的卖点是"春季新品上市"，润唇膏主图的卖点之一是"3.8 女王节"。

图 2-150

维度八：生产工艺。

作为产品，其生产工艺一定有其自身的特点，要么先进，要么传统。特殊的生产工艺，本身就是与众不同的卖点。

传统产品，讲究生产工艺的古老与传承，有文化底蕴，有历史传承，这种亲切而厚重的人文主义精神能够打动一部分消费者。例如图 2-151 中金器的卖点是老工匠纯手工精心打制；红糖的卖点是"纯手工，古法姜红糖"。

图 2-151

维度九：销售模式。

销售环节的多寡影响最终价格，这是广大民众的普遍认知。拥有直接货源的店铺，以销售模式为卖点，既能体现商品的新鲜，又能表达中间无差价的优惠价格。

图 2-152 中的樱桃卖点是"果园现摘现发"；灯具的卖点是"源头厂家，一件代发"。

图 2-152

维度十：消费者定位。

在销售心理学中讲到，不要妄图把商品卖给所有人，一定要画圈子，有针对性。大多数商品都有特定的消费群体，他们有一种或多种相同的特性，针对特定的群体进行定位销售，效果更好。

图2-153中连衣裙的卖点是"给30到45岁的你"；短裤的卖点是"胖哥专属7XL/8XL"。符合这一特性的人群会对这种信息产生归属感与认同感，从而促进产生点击行为。

图 2-153

维度十一：消费体验。

大多数商品在用户使用之后，会对商品产生各种体验与感受，将这些类似"舒适""轻柔""透气""甜美"等体验与感受形成卖点，非常有说服力，容易打动消费者。

图 2-154 中饮料主图的卖点是"儿时山楂味"，童鞋的卖点之一是"轻透柔"。

图 2-154

维度十二：解决痛点。

痛点营销的重点就在于，让消费者感觉痛苦、困难、担忧的问题在你这里可以得到解决，从而产生强烈的想拥有的欲望。如果能加上解决之后的良好效果，更有说服力。

图 2-155 中油烟净主图的痛点就是油污很重的油烟机滤网，润唇膏主图的痛点是干裂的嘴唇，这两个痛点都被产品完美解决了。

图 2-155

维度十三：附加值。

消费者在购买一件商品时，如果随商品附赠其他商品，或者赠送保险等其他相关服务，都会给消费者带来"物超所值"的印象。

这里需要注意的一点是，附加值产品要与主营产品搭配好，才能相得益彰。

图 2-156 中唇彩主图的卖点之一是"限量加送唇膜"，手机主图的卖点之一是"送延保 1 年"。

图 2-156

维度十四：风格。

设计师工作的时候，往往追求独特的"风格"，其实普通民众在不经意间的选择中，也透露了自我风格的倾向。当某个电商设计作品的风格恰恰与消费者所喜欢的风格匹配时，这个作品就会更有说服力。

图 2-157 中电动牙刷主图中，黑白的极简风格深受当下许多年轻人的喜爱；咖啡主图中怀旧古朴的手绘花卉，带有浓浓的复古风，欣赏这款主图风格的消费者不由自主地就会想去了解这款产品。

维度十五：情感需求。

人类的情感是所有艺术的来源，在电商设计中，许多商家也打出了感情牌。消费者也明白这个道理，但是这种用关怀、感恩、孝顺、呵护、宠爱等带着温度的词汇来引诱消费者的招数却屡试不爽。

而图 2-158 中红枣片主图的卖点是"给妈妈的健康礼物",沐浴露的第二卖点是"想给宝宝最好的",隔着屏幕都能感受到浓浓爱意。

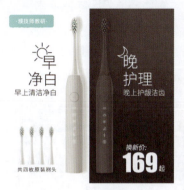 

图 2-157

图 2-158

维度十六:突出业绩。

在消费者看来,良好的销售业绩包括销量高、好评多、无差评、无退货等,这种有数据可考的卖点,比纯图片更有说服力。图 2-159 中女装的卖点是"没有一人退货",水杯的卖点之一是"万人好评"。

图 2-159

维度十七：公司实力。

强大的实力能够让消费者对你的产品和服务放心，这种实力来源于公司品牌、公司规模、产品资质等。这种实力是有证据可证的，一般在详情页中会继续列举证书、资质、权威机构认定等。

图 2-160 中学习机主图的卖点之一是"步步高官方旗舰店"，小罐茶主图的卖点之一是"2019 中国茶业最受消费者认可品牌"。

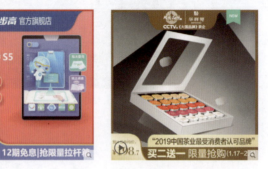

图 2-160

维度十八：网红魅力。

从 2018 年 3 月起，淘宝直播登上手机淘宝第一屏，网红带货现象以星火燎原之势蔓延全国，李佳琦、李子柒、薇娅等网红成为新一代电商购物意见领袖，他们推荐的产品销售额居高不下。

维度十九：明星代言。

广告一直离不开明星的参与，作为一名公众人物，深受广大人民群众的喜爱，对提高品牌的知名度有很强的影响力，尤其是他们推荐的单款商品，几乎都能成为爆款。

维度二十：稀缺。

"物以稀为贵"是对人性的深刻认知，不管是因为原材料的稀缺还是生产数量的稀缺，或者此价格过低不适合大量出售，都会极大地提升产品在消费者内心的价值感。稀缺性的使用能驱动消费者购买的本能冲动，限时购能制造紧迫感。无论是限时，还是限量，都能更好地辅助稀缺性卖点的发挥。

图 2-161 的书包主图中，"限购一件"是主要卖点；女包主图中"9：00～12：00 限时秒杀，售完为止"是第二卖点。

维度二十一：效率。

人们都渴望快速地获得自己需要的产品，尤其是在市场竞争激烈的形势下，高效率地满足消费者的需求，是这个快节奏时代消费者的要求。

在图 2-162 擦窗机器人主图中，"顺丰急速发，次日隔日达"就是卖点；鼠标主图中"7 仓发货，闪电到家"是第二卖点。

以效率为卖点一定要考量自己的能力，不能兑现的承诺，不要去承诺，否则将让消费者投诉率增加，消费者对商家的信任也大打折扣。

图 2-161

图 2-162

维度二十二：良好感觉代入。

消费者选购某类商品时，对购买之后的使用是有幻想的。例如：我用了这款鼠标之后，将会在各种射击游戏中所向披靡；这款手表我戴上将多么尊贵；这件长裙我穿上将多么迷人……

在主图上设计美好的使用场景，让买家对自己使用后的效果产生美好幻想，也是促进买家点击的一种方法。有代入感的场景图可以不是第一张主图，可以是第二、第三或第四张主图（见图 2-163）。

图 2-163

小结：一件商品可以提炼出很多个卖点，但是我们的产品到底是卖价格、卖款式，还是卖文化、卖感觉、卖服务、卖特色、卖品质、卖人气呢？这需要一个准确的定位，所以，提炼卖点与最终的定位同样重要。

第2章实战（13）

新建尺寸为800像素×800像素，分辨率为72dpi的文件，使用提供的素材，制作主图（见图2-164、视频2-13）。

视频2-13

第2章实战（14）

新建尺寸为800像素×800像素，分辨率为72dpi的文件，使用提供的素材，制作主图（见图2-165、视频2-14）。

视频2-14

第2章实战（15）

新建尺寸为800像素×800像素，分辨率为72dpi的文件，使用提供的素材，制作主图（见图2-166、视频2-15）。

视频2-15

图2-164

图2-165

图2-166

2.10 设计一张高点击率的主图

同类商品在搜索结果页面同样展现的情况下，各家主图设计的优劣，直接影响点击率的高低。而点击率与转化率又直接影响产品的展现数和排名；展现数越高，排名越靠前，点击率才有可能提高；点击率提高了，转化率也随之提高，展现数也随之提高，排名也随之靠前。

所以，点击率与排名是一个共生反哺的关系。现在手机端的5张或10张主图对转化率的影响甚至超过了详情页。

设计一张高点击率的主图非常重要，具体做法有以下几点。

2.10.1　主图设计与主关键词（进店大流量词）一致

例如某宝贝的主关键词是"大容量电饭煲"，那么在主图上要体现这个电饭煲的"5L 大容量"，还要考虑也许有些人不明白 5L 什么概念，最好加上说明"5～8 人"。

如果这张关键词是"大容量电饭煲"的主图，主题表达的却是电饭煲"一键拆洗"，或者表达"多种色彩可选"，那么点击率就不会高了。

因为当买家的搜索关键词与你的宝贝关键词吻合时，此宝贝才会展现在买家面前，那么此宝贝主图上就要表达关键词中的内容，告诉买家，这正是他想寻找的东西（见图 2-167）。

> **提示**：买家搜索的主关键词有哪些，可用"生意参谋"查看，自家主图的关键词可参考其设定，设定好关键词之后再设计对应的主图。

图 2-167

2.10.2　以手机端展现为前提的大尺寸

之前也讲到过这个问题，在电脑上看起来刚刚好的图片，比例合适，细节完美，一旦放到手机上显示，根本看不清楚，或者缺乏冲击力，不吸引人。

所以制作主图的时候，首先，以手机显示为前提设计，放大产品主体，拉近产品与买家的距离。之后还要用手机显示进行实测，是否做到主题突出，利益点明确，才算基本合格（见图 2-168）。

图 2-168

2.10.3 产品要突出

产品主体占比要高，就是一眼要让买家看明白这件商品。背景要起到烘托主体的作用，而不是干扰主体的表现。文案、装饰元素都不能影响主体的表达，因为在绝大多数情况下，我们浏览商品，最主要的还是看产品本身（见图 2-169）。

图 2-169

功能类的商品，文案可能会放到最多 50%，但仍能看清产品；而女装、女鞋这些类目，文案和装饰只放 10% 左右，或者不放，只表现产品本身。

2.10.4 少即是多

在这个时代，大家在浏览手机淘宝时，都是快速划动屏幕，每张主图的浏览时间甚至不到 1 秒钟。所以，主图必须简单，只有一个卖点，最多不能超过两个，必须让消费者在 1 秒钟之内看到重点信息。

如果一张主图上都是卖点，那就等于没有卖点，因为买家没有看到一眼就被吸引的焦点，就会直接忽略不看。

一张好的主图，一定要有一个明确突出的主题，只有一个与用户真正需求相关的核心卖点，而第二卖点、第三卖点等可以弱化，或者放在第二、第三、第四张主图里面（见图 2-170）。

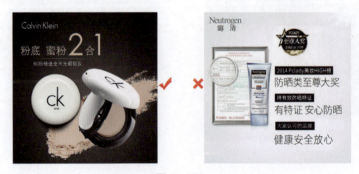

图 2-170

2.10.5 直白得秒懂

假定消费者对自己的产品一无所知,并且极其没有耐心,则要用1张主图,加上之后的4张主图,在最短的时间内让你的受众清晰地了解你的商品才是首要目的。总之,一定要简要、直白,直击要害,因为在主图上秀文化底蕴,秀思想内涵,是一件非常吃力不讨好的事情(见图2-171)。

图2-171

2.10.6 传递有价值的信息

主图能够获得的展现数是很宝贵的,一定要好好地利用,认真地利用。主图上的信息一定很重要,一定是非常想让买家了解的内容,一定是有用的、有效的信息,才有产生点击的可能。

而当下某些主图设计完全以自我为中心,完全自嗨;或者做图根本就没有目的,不知道也不想传达什么信息,根本不知所云,这非常浪费展现数(见图2-172)。

关系到数据的设计最好用阿拉伯数字,不要用汉字。经过测试,人们对阿拉伯数字更敏感,数字是最容易让人理解并迅速接受的信息。

图2-172

2.10.7 分析买家需求

买家最关注的问题是什么,可通过"问大家"和竞品的评价,总结买家最关心的问题,打造成自家宝贝的卖点,然后以最显眼的方式展现在主图上。

有相当一部分商品,买家很注重价格。但某些商品第一注重的是健康、安全、品质或者其他因素,其次才是价格;针对此类商品,如果以价格作为第一卖点,将会削弱竞争力。

例如婴儿用品、食品、大品牌商品等,同规格的宝贝,往往价格贵的销量并不差,因为消费者最关注的点并不是价格是否优惠,而是是否天然、健康、安全(见图2-173)。

图 2-173

2.10.8 创新与差异化

所有商业活动都会有竞争,电商平台上的同类商品卖家众多。如何在"芸芸众生"中脱颖而出,是每位电商人不懈的追求。

销售同类商品时,一定要分析竞争对手,一定要经常关注竞品的动态。在不脱离大众审美的情况下,大胆创新,做到"当大家是这样的,我就是那样的"。

各种各样弹力裤的卖相都相差无几,大部分都如图2-174右图一样中规中矩,若要突出自己家弹力裤的"高弹",右边的图很显然力度不够,要做到与众不同,加大"高弹"的表现力度,可以采用图2-174左图的姿势。

图 2-174

2.10.9 利用色彩制胜

设计师查看搜索结果页面,在搜索结果页面中一起展示的同类商品与自家商品颜色是否雷同?怎样能让消费者一眼看过去,很容易就找到自家的商品,就好像万绿丛中的一点红?

答案之一就是:色彩。使用跟众多竞品不同的颜色,例如对比色,让用户一眼就看到不同的你。在图 2-175 "晾衣架 落地"的搜索结果中,蓝色的使用场景清新悦目,用户往往马上被吸引。色彩可以出奇制胜,但同时要注意与商品本身色彩的搭配和谐。

近年来渐变色一直在设计圈流行。随着 Apple、Instagram 等品牌在自己的宣传中使用这个效果,这种带有科幻风的渐变色甚至比传统的促销色(红配黄)更吸引人。除了常见的红/橙、蓝/紫渐变之外,还有对比更强烈的双色渐变(见图 2-176)。

图 2-175　　　　　　　　图 2-176

2.10.10 增强对比

据科学家研究,能够第一时间吸引眼球的,总是具有强烈对比的、有冲击力的画面。尤其是在手机上浏览商品时,主图的尺寸较小,清晰、明了、对比强烈的主图总是更吸引人。

关于设计中的对比有很多种，包括冷暖对比、明暗对比、主次对比、大小对比，等等（见图 2-177）。

文案中主标题的字一定要大，如果最想让买家看到的主标题文字太小，根本看不清楚，就相当于导购的声音太小，消费者什么都没听到。

图 2-177

2.10.11　学习竞品的设计优点

所有电商设计都不能闭门造车，一定要多看，多学。平时多看高点击率、高成交量的竞品主图，学习别人的长处，避免犯下一些错误。也要看一些跨类目的优秀主图，这些主图必然有其可取之处，分析是什么因素带来了这么高的点击率与销量，有时候，他山之石可以攻玉。或者参考竞品的直通车图，它们一般经过了测试，反映良好，才会投放。

将竞品的优点具体分析，结合自家宝贝的特点，再进行创作设计自家的主图。

主图绝不只是越美观越好，设计主图的最终目的是为了销售，不是为了美观。美只是手段，美只是为了更好地传达信息，而不能作为设计的目的。当美观与信息传达有冲突时，以信息传达为重，以促成销售为重。

主图需要不断优化。根据数据显示主图的点击率过低时，要考虑优化、更换主图。或者一件宝贝长时间使用同一张主图，而同行都已经根据流行趋势换了新图，自家这张主图的点击率也在下降时，就要考虑换一张主图了。

更换主图要用直通车，拿至少 2 张图对比测试，就是把原主图和新主图放在一个直通车推广计划下，创意轮播，保证单张图有足够多的展现量，根据后续数据判断新旧主图哪张好。

> **注意：** 不要频繁更换主图，因为编辑商品一次，商品就会被系统重新收录一次，频繁地修改会导致权重降低。

小结：设计一张主图要多角度思考。一个好的设计是建立在有效传达的基础上的，想要更好地做到传达，就要不停地转换自己的角度，思考设计的目的。先从企业角度出发，思考店铺最想表达什么；再从受众也就是消费者的角度出发，思考他们最想看到什么；最后从自身设计师的角度出发，思考如何做更有效的信息传达。

要摒弃"我以为""我感觉"的观念，主图是否优秀一定要用直通车去测图，一定要用数据说话。

第 2 章实战（16）

新建尺寸为 800 像素 ×800 像素，分辨率为 72dpi 的文件，使用提供的素材，制作主图（见图 2-178、视频 2-16）。

视频 2-16

第 2 章实战（17）

新建尺寸为 800 像素 ×800 像素，分辨率为 72dpi 的文件，使用提供的素材，制作主图（见图 2-179、视频 2-17）。

视频 2-17

第 2 章实战（18）

新建尺寸为 800 像素 ×800 像素，分辨率为 72dpi 的文件，使用提供的素材，制作主图（见图 2-180、视频 2-18）。

视频 2-18

图 2-178

图 2-179

图 2-180

2.11 颜色图的制作

在淘宝搜索结果页面，单击某产品主图，打开此产品的详情页，在主图下方，会出现"颜色分类"（见图 2-181）。

图 2-181

颜色分类属于"宝贝规格"参数中的一项,可以展示此商品的多种颜色,单击某个颜色的小图,将在上方的大图上对应显示,以帮助买家选购。多数类目此项不是必填项,如果没有上传颜色图,则系统自动显示为文字,虽然没有图片直观,但有完善宝贝的信息,有助于提升宝贝曝光的机会,增加流量。

目前部分主图的数量由 5 张变为 10 张,第 6 ~ 10 张主图展示的宝贝 SKU 图片,也就是颜色图,并浮现与 SKU 对应的随机抓取的评价。颜色图帮助消费者更全面地了解商品,所以,对转化率的影响也很大。

颜色图的尺寸一般设置为 700 像素 ×700 像素,并且统一在颜色图的左上角添加品牌 logo,提升用户的品牌印象。颜色图不支持动态图片,所以将其保存为 jpeg 图片格式。

为了更好地展示产品,一般设定为统一的白色背景或者纯色背景,产品摆放角度、大小比例、位置、图片风格都固定,使产品主体的表达方式基本一致。整齐划一的系列颜色图,方便买家比较、挑选(见图 2-182)。

图 2-182

2.12 直通车图设计

2.12.1 什么是直通车图

直通车是为淘宝卖家量身定制的、按点击付费的营销工具,实现宝贝的精准推广。即用一个点击,让买家进入你的店铺了解当前宝贝,产生一次甚至多次的店铺内跳转流量,这种以点带面的关联效应可以降低整体推广的成本和提高整店的关联营销效果。

目前手机淘宝推出的直通车是单品直通车，只针对此单品进行推广，关联营销也做在此单品的详情页上。单品直通车图更侧重于单个产品的信息传递或销售诉求，并以此单品的销售转化为最大目的（见图2-183）。

图 2-183

电脑端的直通车图展示在搜索结果页面的最右端与底端页码的下方，搜索结果页面的第一个产品也是直通车图。

2.12.2 直通车图的制作要求

手机淘宝直通车图是1∶1的正方形，尺寸可以设置为与主图一样的800像素×800像素，保存格式为jpeg格式或者png格式。

2.12.3 制作直通车图的方法

无论是主图、直通车图，还是banner、详情设计图，每当要做一个设计的时候，都要先思考、分析、确定思路之后，再组织素材进行创意表达，最终形成设计结果。

做直通车图也是这个步骤。在做直通车图设计的时候，除了从视觉效果上下功夫，更多的还要从营销的角度去考虑问题。因为我们最终做出来的图片是为了吸引眼球，获取有效点击。如果仅仅是把图片做得够美观、够漂亮，而忽略点击效果的话，就不能说是一个优秀的推广图。

其实做一个直通车图从设计的技术上来讲，没有特别难的地方，难点在于从哪个方面入手，怎样通过设计表达出推广的主旨。具体步骤如下。

1）自我分析

深入了解自己的宝贝，挖掘出尽量全面的宝贝卖点，归纳出主推卖点。之前分别讲解了主图卖点的提炼与提高主图的点击率的方法，同样适用于直通车。可多做、多看，多加练习。

2）同行竞品分析

我们在制作一个直通车图之前，一定要对"核心关键词"的展示结果页面进行分析。

有些行业的产品外观差异化不明显，就要通过设计来表现与竞品的差异，就需要了解竞品的主推卖点、配色、背景、价格、排版构图方等，避免设计出来的图片过于雷同；还要争取从竞品中脱颖而出，让消费者感觉眼前一亮，并对我们的产品留下印象。

对同行竞品的直通车图也要多方了解，有助于更好地把握自家宝贝直通车图的设计。

图 2-184 中白衬衫竞品的背景都是浅色，而最下方自家宝贝的背景用了深色。

3）总结并提炼主题与卖点

通过自我分析与竞品分析之后，总结并提炼出与竞品相比最具竞争力的、最具差异性的卖点，然后制作直通车图。

一个直通车图主要表现的关注点，一般不要超过 2 个。因为直通车图尺寸有限，小尺寸的图片所要表现的效果要在几秒钟之内抓住消费者眼球，必须要突出一个最大的卖点。

如果是形象类的商品，例如衬衫，可以只放模特。如果是功能类的商品，需要放文案，建议突出宝贝的属性、功效、品质、信誉、价格优势这五个维度之一（见图 2-185）。

如果放太多的文案会让本来就很小的图片变得混乱不堪，严重影响视觉效果。所以，直通车图一定要做到主题突出。

图 2-184

图 2-185

4）直通车图的优化

绝大多数直通车图不是一蹴而就的，都需要经过"测图→数据评估→有针对性地优化→再次测图"的过程，才能做出高点击率的直通车图。

2.13　活动图片设计

为了提高店铺的销量与人气，很多淘宝卖家报名参加了淘宝官方促销活动，包括免费与付费两种。活动主类目有聚划算、淘抢购、天天特价等，二级类目随时变化更新，丰富多样。这些活动有些可以直接使用宝贝主图，有些需要单独制作活动图片（见图 2-186）。

第 2 章 主图与直通车图的设计

图 2-186

2.13.1 活动图片设计注意事项

只要店铺符合相关规定，就可以报名参加淘宝官方活动。然后，按照活动规定制作活动图片，并提交淘宝后台。图片通过后台审核后，即可参加活动。

> **提示：** 淘宝官方针对各种活动制定了不同的规定，并对活动图片做出了不同的规范，在制作这类活动图片时，一定要先搞清楚所参加的活动是什么，其相关规定具体有哪些，其具体尺寸是什么，再开始设计制作。

2.13.2 活动图片设计步骤

以下面的"智能摄影头聚划算海报"为例，演示此活动图片的制作步骤（见图 2-187）。

（1）确定尺寸：首先确定此活动图片的原始制作尺寸为 1920 像素 ×700 像素，方便以后在电脑端与手机端都可使用。

图 2-187

（2）分析产品：此摄影头为高科技智能产品，并且此产品本身的颜色为白色 + 蓝色，所以使用科幻风格的渐变蓝色为主色，设计成背景，并添加科幻风格的圆点。

（3）分析版式：图片尺寸为横向长方形，产品造型接近竖向长方形，所以采用左右形构图方式，文案在左，产品在右。

111

（4）分析目的：这是一张在聚划算活动中展示的促销海报，主要用折扣、优惠等利益点吸引消费者的眼球。所以突出显示"聚划算"文案作为第一卖点；"德国工艺，智能看家"文案，也就是此产品本身的特点，作为第二卖点；"1080P 高清"为第三卖点；"居家必备，看家帮手"为辅助信息。

（5）分析方法：突出卖点的方法首先是颜色对比，所以采用蓝色的互补色红色作为辅助色，黄色作为点缀色，色相的强烈对比足以吸引消费者的眼球。同时红与蓝也是冷暖对比的典型搭配。其次，使用大小对比，放大显示第一卖点"聚划算"，缩小第二卖点"德国工艺，智能看家"。第三，红蓝搭配过于刺激，所以用白色作为缓冲，这样既有对比与冲击力，又不会过于刺眼。第四，"1080P 高清"为第三卖点，将其设置为蓝色，搭配圆角矩形的高明度的淡黄色渐变背景，丰富画面，使整体效果富于变化。

（6）添加装饰元素，优化整个画面。

（7）具体实施过程见图 2-188：新建文件→制作背景→插入主体→插入主文案→插入次要文案→添加装饰并优化调整整个画面。

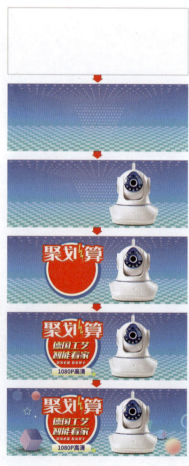

图 2-188

2.13.3 智钻图片设计注意事项

淘宝推广的一大利器就是智钻。智钻展位众多,图片尺寸也各不相同。智钻不仅在天猫首页、淘宝首页、淘宝旺旺投放,也会在站外门户、站外社区投放,对应的活动图片尺寸更是多达几十种。在制作智钻图片之前一定要先搞清楚投放位置,然后在后台获得尺寸信息,再开始设计制作。

智钻展位活动后台对报名商家提供的图片要进行非常严格的审核,最重要的注意事项有两方面:①活动图片本身是否有违规信息;②链接页面和店铺是否有违规信息。任何一方面有问题,都会被拒绝。

智钻图片设计示例见图2-189、图2-190。

图2-189

图2-190

小结:主图、直通车图、活动图片及智钻图片,都是很重要的流量入口,上述图片的设计效果,直接影响店铺的交易量。

主图在搜索结果页面中呈现,是免费流量;活动图在活动页面呈现,有免费与付费两种;直通车图、智钻图在相应的广告位呈现,是付费流量。

主图与直通车图在买家搜索结果中呈现,买家的购买目的性明确,所以主图与直通车图的设计要以展示产品主体和突出卖点为主。

活动图片、智钻图片的目标人群的购买目的性并不明确,所以要用折扣、创意等吸引消费者的眼球。

第2章实战(19)

新建尺寸为1920像素×700像素,分辨率为72dpi的文件,使用提供的素材,制作聚划算海报(见图2-191、视频2-19)。

图2-191

视频2-19

第 2 章实战（20）

新建尺寸为 520 像素 ×280 像素，分辨率为 72dpi 的文件，使用提供的素材，制作智钻图（见图 2-192、视频 2-20）。

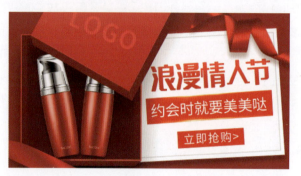

图 2-192　　　　　　　　　　　　　　视频 2-20

第 2 章实战（21）

新建尺寸为 1920 像素 ×900 像素，分辨率为 72dpi 的文件，使用提供的素材，制作智钻图（见图 2-193、视频 2-21）。

图 2-193　　　　　　　　　　　　　　视频 2-21

2.14　鹿班与 Alibaba WOOD

电商行业的发展突飞猛进，一日千里，几百万商家开店，几亿张的图片设计需求涌来，电商设计师的工作量与日俱增。据统计，即使现在所有各行各业的设计师都转行做电商设计，电商设计职位仍有缺口。

淘宝商品图片与商品视频设计工作步骤烦琐，又是易耗产品，要根据新产品的上架随时更新。尤其是参加官方促销活动的时候，更是需要投入非常多的时间与人力。

因此，淘宝官方在线智能商品图批量设计器"鹿班"与商品微电影智能导演Alibaba WOOD应运而生。

2.14.1 智能商品图批量设计器"鹿班"，让设计更美好

阿里巴巴智能设计实验室依托达摩院机器智能技术，通过对人类过往大量设计数据的学习，训练出一个设计大脑——Luban，即"鹿班智能设计"。

鹿班智能设计，学习了大量业内顶尖设计师的设计水平，将图片配色原理、图文搭配规则、视觉组合结构等设计原理全都进行数据化处理，再由系统根据算法进行调用。

对用户来说，能通过鹿班随时调用专业设计师的设计能力，同时通过系统举一反三，生成不同颜色、不同版本、不同尺寸的设计图片，再配合自己的个性化文案以及素材图片，将完全打破过去设计工作一对一的低效设计模式，直接以成百上千倍的生产效率完成图片产出。

登录鹿班智能设计官网，即可进入界面（见图2-194）。

图2-194

从图2-194可以了解，基于图像智能生成技术的鹿班，可以改变传统的设计模式，使其在短时间内完成大量商品主图、钻展图、海报图和批量白底图的设计，提高工作效率。

用户只需任意输入想达成的风格、尺寸，鹿班就能代替人工完成素材分析、抠图、配色等耗时耗力的设计项目，实时生成多套符合要求的设计解决方案。

在2017年的"双11"中，鹿班每秒生成8000张海报，刷新了人们对AI创意能力的认知。

智能生成商品主图的步骤如下。

（1）单击"智能生成"按钮，打开快速入口（见图2-195），这里有电商场景常用功能，包括"商品主图""批量白底图""微淘拼图""微淘切图""淘宝旺铺海报""钻展图"等，都可以一键批量成图。

其中"商品主图"与"批量白底图"的使用率最高，深受广大工作量大的中小卖家的欢迎。

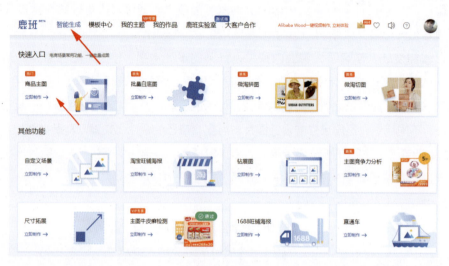

图 2-195

（2）单击"商品主图"按钮，打开"商品主图"页面，单击上传商品图片的添加按钮（见图2-196）。

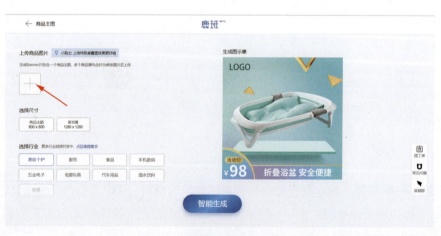

图 2-196

（3）在弹出的页面中选择素材，上传需要制作主图的素材图片，单击"确定"按钮（见图2-197）。

第 2 章 主图与直通车图的设计

图 2-197

（4）返回"商品主图"页面，单击"智能生成"按钮之后，鹿班针对行业进行风格细分，提供多张不同的主图设计（见图 2-198）。

图 2-198

在"智能生成"选项下，还可以做"主图竞争力分析"与"主图牛皮癣检测"，大大方便了卖家的需要。

鹿班的模板中心提供了"活动主题""日常主题""我的定制主题"三种类型的模板，可以根据店铺的需要选择使用或者定制使用（见图 2-199）。

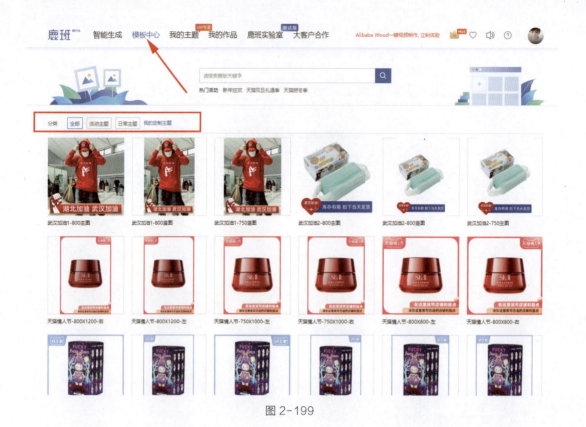

图 2-199

单击页面顶部"我的主题"选项,可以将自制的 psd 文件上传到鹿班,智能生成线上模板,用户随时根据需要批量套用自己创建的个性模板,并直接投放。满足用户对自定义主题的需求。

"我的作品"选项可以将之前用鹿班生成的图片分为"未投放""待投放""已投放""已取消""已结束"等类别展现,并且可以手动为作品创建"作品集"(见图 2-200)。

图 2-200

"鹿班实验室"目前还是测试版,可以完成"颜色识别""风格处理""清晰处理""照图生图""背景绘制"的工作(见图 2-201)。

图 2-201

2.14.2 Alibaba WOOD

Alibaba WOOD 商品微电影智能导演,是由阿里巴巴智能设计实验室主导研发的一款商业短视频设计制作类产品。基于图像智能识别技术和视频智能生成技术,可以改变传统的视频制作方式,让用户在极短的时间内完成大量的商品营销类短视频的设计和制作,提高用户的工作效率。

用户只需输入商品详情页链接,或者商品素材图片(商品上架前的编辑页面),Alibaba WOOD 就可代替用户进行商品详情页的信息解析、商品调性理解和定位、视频素材剪裁准备、视频剧本导演、视频渲染生成等一系列复杂的设计工作,并可依据用户的风格尺寸等简单的个性化要求输入,为用户提供流媒体内容生成视频的解决方案。

用户无须专业知识,只需要输入一个淘宝/天猫商品详情页地址,无须再去准备和剪辑原始素材,无须人工再进行复杂的剪辑、镜头组、分镜调整、剧本编排及后期渲染操作,Alibaba WOOD 直接对详情页内容进行智能理解,然后自动为商品编写剧本,添加镜头,书写文案，并搭配风格匹配的音乐，1分钟即可自动剪辑出具备故事性的电商短视频。

商业短视频设计制作步骤如下。

（1）登录鹿班官网，单击右上角的"Alibaba WOOD 一键视频制作，立刻体验"选项（见图2-202）。

图 2-202

（2）在打开的页面中包含"智能制作""模板中心""我的视频""素材管理"四个应用选项（见图2-203）。

图 2-203

（3）单击"智能制作"选项，在打开的页面中包含"通用效果""服饰快消""厂货视频""食品生鲜""时尚美妆""数码家电""时髦穿搭"等选项，可以根据自家店铺的情况选择（见图2-204）。

（4）单击"通用效果"选项，打开通用效果页面。如果使用已经上架的宝贝详情页制作视频，则可单击"选择线上产品"；如果使用已经准备好的图片素材制作视频，则可以选择"从素材库选择"或者"上传本地素材"。

最好为每张图片打标，例如"模特""商品""细节"等标志；在"输入参数"选项设置"节奏""尺寸""时长""声音"等选项，最后，单击"智能剪辑"按钮（见图2-205）。

第 2 章　主图与直通车图的设计

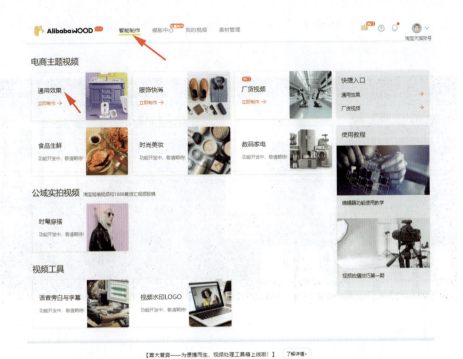

图 2-204

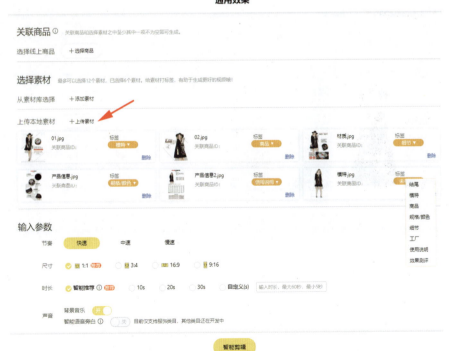

图 2-205

（5）单击"智能剪辑"按钮之后，即开始制作适用于各类目的的通用剧本视频，一分钟后即可获得主图视频（见图2-206）。

图2-206

（6）在以上界面可以"清空重新编辑"，也可以直接单击右上角的"去使用"，以上编辑的视频将会出现在"我的视频"页面中（见图2-207），可以单击浮现的购物车购买，然后下载或者投放使用。

图2-207

"模板中心"视频版块提供了多个专业设计师设计制作的视频模板，适用于不同类目风格，生成时需要注意观看样例并阅读视频简介，选择适合自家产品风格的模板使用。商家可批量选择店铺账号下的商品制作短视频，单次最多可同时制作100个。

网络上也出现一些其他在线设计淘宝主图、海报、活动图片的软件，使用方便，操作简单，虽然模板数量还有待提高，但也方便了不少没有PS和其他软件应用基础的初级用户。

设计并不是简简单单的排版和运用颜色，真正的设计从来就不是技术层面的东西，设计本质上要解决的还是商业问题。通过生活标签与符号的嫁接，融合全新的创意和呈现手法，以更精准和舒适的形式输送到目标用户的眼睛里，以此引发用户强烈的情感共鸣和体验的舒适感，从而产生销售行为。

所以，好的设计需要历史、文化、生活、眼界、阅历，最重要的还有情感，以及最终形成的头脑风暴——创意，这是任何智能机器不能取代的。

随着时代的进步，真正的设计已经开始苏醒，只要你能掌握住新的设计理念和思路，一定会走上真正的设计大师之路。

2.15 引流利器——视频的制作

随着 5G 时代的到来，网络功能越来越强大，视频营销所占地位越来越重要，虽然视频并不会取代图片，就好像电子书不会取代纸质书，只是多了一个选择而已，但是有了视频的加持，各个类目的宝贝得到了更生动、更全面、更理想的展示。

2.15.1 视频的应用场景

各大电商平台越来越注重商品的视频展示，不管是在主图、详情页、微淘中还是在宝贝评价里面，都出现了视频，并且在店铺增加了"视频"模块，未来淘宝运营的视频化是一个必然的趋势（见图 2-208）。

图 2-208

2.15.2 视频内容的分类

商品类目不同，需要在视频中展示的内容也各不相同，大概可以分为以下几种类型。

（1）"怎样做"类型：即教你怎样做，或者怎样用。包括深度测评、使用技能教程、开箱体验、搭配攻略、主题清单、资讯百科等。

（2）特色场景：包括时尚街拍、生活记录、产地溯源、线下探店、情景剧场、真人改造等，根据产品自身的特色创意设定。

（3）商品特色：包括才艺秀、生产工艺、店铺故事、商品展示等能够展示商品特色的内容。

视频内容的分类如下。

"怎样做"类型	深度评测	有实验测试过程展示/对比/引用经典论证，用视频口播/字幕表达测评结论
	技能教程	有用的知识分享和经验指导，教你怎么做或怎么用
	开箱体验	经验性的分享体会，如大牌美妆开箱或开箱试吃
	搭配攻略	特指穿衣搭配，通过搭配达到更好效果
	主题清单	根据主题进行的物品盘点，物品之间有主题相关性
	资讯百科	前沿的资讯信息，如数码新机发布，或与商品/购物相关的知识分享
特色场景	时尚街拍	有街景、真人、自然、时尚的街拍视频
	生活记录	记录生活精简片段，旅行 VLOG 等
	产地溯源	展现卖点的内容，突出商品的地域特点
	线下探店	线下实体店实地探访
	情景剧场	视频内容有故事情节、剧情起伏、角色互动
	真人改造	真人前后改造过程 + 效果对比
商品特色	才艺秀	通过才艺表演，结合商品特点卖货
	生产工艺	专业的生产工艺过程，工厂车间流水场景
	店铺故事	店铺相关的背后的故事
	商品展示	商品的外观功能的简单展示

2.15.3 视频制作基本要求

视频制作的基本要求如下：

（1）视频内容不能违反影视行业相关法律法规条例；

（2）视频中不得出现违反广告法的信息；

（3）短视频内容须遵守《阿里创作平台管理规则》；

（4）整体短视频内容符合社会主义价值观；

（5）视频时长：平台通用标准 10~600 秒钟，其中主图场景使用视频要求 1 分钟以内（建议 15-30 秒钟）；

（6）画质要求：高清 720P 以上；

（7）尺寸要求：16∶9／1∶1／3∶4／9∶16；推荐 3∶4；

（8）视频格式要求：mp4、mov、flv、f4v；

（9）视频中不得出现：黑边、三方水印（包括拍摄工具及剪辑工具 logo 等）、商家 logo（片头不要出现品牌信息，可在视频结尾出现 2 秒钟以内，正片中不可以角标、水印等形式出现）、二维码、幻灯片类视频。

2.15.4　主图视频介绍

无线端商品详情的头图第 1 屏已支持视频显示，通过视频形式将产品详细表达出来，在短时间内讲清楚 2～3 个产品的卖点。

功能型商品的视频通过使用演示、测评、效果对比等来体现产品的强大功能、简单易用和优秀质量；外观设计型的商品视频内容主要是对商品的多角度展示，体现设计亮点（见图 2-209）。

图 2-209

2.15.5 视频的作用

视频可以生动、多维度、高效率地突出商品卖点,打破消费者的购买顾虑,将营销互动结合,强化消费者的购买意愿。

视频可以更好地表达产品的卖点,而且很难用页面描述的产品特征,可以用视频更好地表现出来。

例如最主要的服装类目,模特穿着商品服装走秀的视频非常普遍,这是广大消费者喜欢看到的,也是需要看到的,它能提升买家的购物体验,看起来更加直观、真实,上身效果、衣服的质地、设计的细节都更加清晰。再例如小家电类目的产品破壁机,利用视频展示其强大功能或者其易清洗的特性时,用视频就可以完好地表达,而图片就不够直观(见图2-210)。

有些商家甚至把详情页的卖点压缩放在主图视频里,买家看完主图视频,重点都已了解,买不买已经确定了80%。据统计,主图视频可以提升35%的成交转化率。

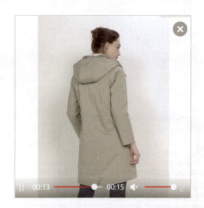 

图 2-210

2.15.6 关于视频的定购与发布

- 主图视频在"宝贝发布"页面直接上传发布即可。
- 无线端的详情视频需要到服务市场定购,然后在店铺装修里添加视频模块,才能添加视频文件(见图2-211)。详情视频可以是单品的详细介绍,也可以是品牌宣传片,或者近期正在做的活动宣传片。
- 微淘视频是自运营里面的内容。在资源中心微淘内容管理中发布微淘,其中就可以发布视频文件。微淘视频不一定和我们的宝贝相关,可以是热门话题,或者娱乐视频,质量好的话可以吸引到很多粉丝,带来的微淘阅读量也可以给我们带来访客(见图2-212)。

图 2-211

图 2-212

2.15.7 视频的制作

在拍摄视频之前,首先要理清思路,做好内容规划。归纳好要表达的重点内容是什么;其次确定如何表达,即拍摄风格是什么,是欢快的、唯美的、复古的、奢华的、沉稳的、科技的还是解说型的。有人把视频分为导购类型与娱乐类型两种。

要先谋而后动,做好详案,将内容和调性把控好,设计好拍摄过程,才可以开始拍摄。

2.15.7.1 自己用相机拍摄

1）设备与工具

如果产品比较简单，可以自己拍摄制作小视频。具体要用到一些工具：单反相机、小型摄影棚、三脚架、灯光、背景、桌子或静物台、电动旋转台、视频剪辑 App 或者专业视频剪辑软件（见图 2-213）。

图 2-213

尽管很多卖家觉得自己的手机也能够拍出很好的效果，但是如果想使自己的短视频可以被其他渠道抓取，那么建议选择单反相机拍摄，这样拍出来的短视频更加精美清晰。

固定拍摄位的话，建议使用防抖必备的设备三角架，因为手持相机不够稳定，视线发生波动现象，影响视频的效果。

灯光是提升拍摄效果的利器，摄影本身就是光与影的艺术，配备 3 盏以上的灯，一盏 600W 的主灯，两盏 400W 的辅灯。

简单的小型产品可以利用小型摄影棚，将产品放在旋转台上，旋转台均匀转动，拍摄之后用视频剪辑工具剪辑处理。后期工作完成之后，在淘宝后台上传视频。

视频编辑软件不建议使用手机上的 App，可以使用会声会影、爱剪辑等，不过使用 AE、Pr、Vegas、Edius 更专业，可以剪辑视频、添加文字、添加转场效果、配音或者添加背景音乐。

特别提醒：视频的封面很重要；在后期制作的时候，把握好封面的设置，如果设置为互动优惠效果更佳。

2）拍摄技巧

- 结合店铺运营计划，做好内容脚本设计，换角度多拍几条，通过后期产出多个适用于不同场景的内容。
- 用图片展示商品的细节必定受限，而用视频展示，可以全方位、多维度立体展示，商品多处细节的远景、近景，商品的形状、色彩、质感，让消费者深度了解此商品，最终才能放心购买。图 2-214 和图 2-215 分别展示了拍摄中的远景、全景、中景、近景、特写。

图 2-214　　　　　　　　　图 2-215

- 美化商品的使用过程或者使用场景，让消费者了解此商品的方便、实用与良好体验，能够有力地说服消费者下单购买（见图 2-216）。

图 2-216

- 合理使用道具，通过大小对比，真实再现商品的规格尺寸；通过颜色对比，真实还原商品的色彩，或者美化商品的色彩（见图 2-217）。

图 2-217

- 合理使用背景与场景，凸显出产品主题本身；例如某些大牌服装背景使用黑、白、灰背景走秀。或者通过实景拍摄，用最匹配产品的场景，烘托产品的美好形象（见图 2-218）。

图 2-218

- 如果希望视频内容动感、丰富，就不要一镜到底，可多换几个不同角度进行拍摄，如微俯视、平视、侧方位等。
- 拍摄时长比视频坑位的要求时长稍长，然后在此基础上剪辑优化。最好拍摄两个及两个以上版本，以方便后期剪辑的时候作为备选。

3）构图方式

主题明确是视频拍摄的基本要求，所以，拍摄一定要突出主体。构图一般使用三分构图法与中心构图法，被拍摄的主体放在四个交汇点上，或者放在正中间比较醒目的位置（见图 2-219）。

三分构图法　　　　　　中心构图法

图 2-219

4）布光

实景拍摄一般不需要布光，或者只需要反光板补光就可以。

其他产品可以使用基础布光法，即至少需要三点布光。主光打亮产品主体及主体周围区域；辅光辅助照射在阴影区域及主光没有打亮的地方，一般比主光稍弱，这样可以形成景深和层次感；背光灯放在产品的侧后方，将产品的侧背影打亮，以塑造产品的轮廓（见图 2-220）。

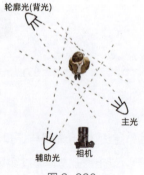

图 2-220

2.15.7.2 使用 Alibaba WOOD

如果不想再单独拍摄视频，可以使用上一节中讲到的 Alibaba WOOD 工具，上传制作详情或者主图的素材图片，或者直接发送已经上架的宝贝链接，都可以快捷地完成电商视频制作。但是这样的视频都是静态图片的动态显示，不是真正的动态视频。

2.15.7.3 找专业团队制作

有些团队从拍摄到后期剪辑承包完成，有些团队是将拍摄好的原始视频发送给对方，对方只负责后期剪辑处理。这些服务都可以到淘宝后台的"服务市场"→"内容制作"→"短视频"栏目下，找到相关机构完成，或者在网上找一些专业团队完成。

2.15.8 视频的投放

视频编辑好之后，进入卖家中心，找到"出售中的宝贝"，选择"编辑宝贝"，即可上传产品视频。

使用 Alibaba WOOD 自动生成的视频可一键投放。

一个好的短视频可以投放到多个区域，可以在多个模块重复利用，并且短视频可以为店铺带来更多的流量。各大电商平台也越来越多地倾向于视频营销的开发与利用（见图 2-221）。所以，视频拍摄的前期规划、中期拍摄、后期制作都要认真完成，并且值得投入更多的精力与物力。

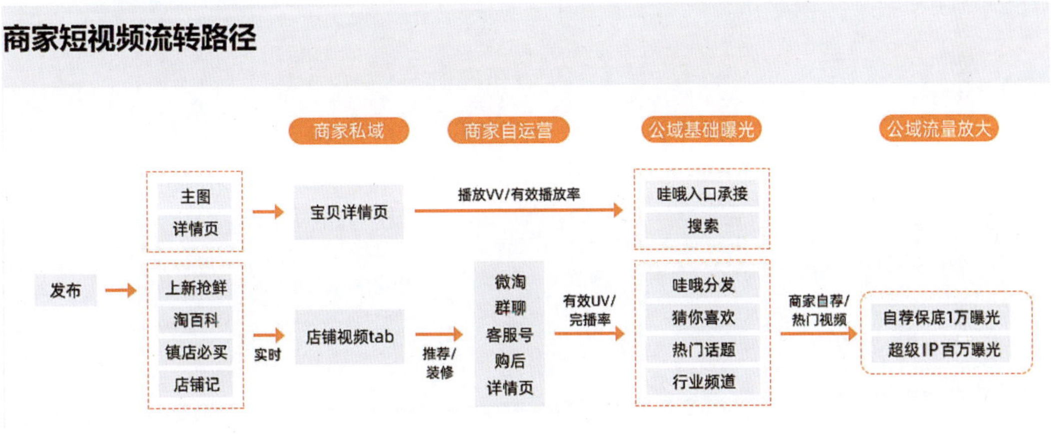

图 2-221

第 3 章

详情页设计

3.1 什么是详情页
3.2 详情页的作用
3.3 详情页的构成
3.4 详情页的设计步骤
3.5 详情页的制作技巧
3.6 详情页的切片

3.1 什么是详情页

消费者在淘宝搜索结果页面浏览众多的商品主图，看到感兴趣的宝贝，进行点击，就会打开下级页面。在这个下级页面中，主要内容除了多张主图之外，就是详情页。

详情页可以直接理解为商品的详细情况介绍页面，又称为商品描述页、单品页。买家在看完多张主图之后，感觉信息不够全面，希望对商品进行更深入的了解，就会继续浏览详情页。详情页是商品的说明书，也是商品的解说员，店铺的导购员，因为它还有强烈的营销意图。

图 3-1 为某服装品牌连衣裙手机端的详情页，介绍了这件衣服的样式、优点、面料、尺码信息、细节、工艺、售后说明等。消费者通过手机浏览时看到的是一张长图，需要一屏一屏地划动屏幕。

图 3-1

简单来说，详情页就是"商品图片"加上"商品文案"，按照一定规律进行排版后，展示给目标用户的视觉产品（见图3-2）。

图3-2

部分店铺在详情页中添加了视频，可以更生动形象地展示商品外观、商品功能、企业实力等内容。

3.2 详情页的作用

详情页的作用如下：

（1）消费者通过点击感兴趣的商品进入详情页，如果详情页的内容设计切合消费者的心理需求，消费者感觉对此商品非常满意，就会将其加入购物车，或者直接下单购买。所以，详情页是影响交易达成的关键因素之一。

（2）虽然现在部分消费者只看视频与几张主图，就决定是否购买，但仍有许多人，希望更全面地了解商品，希望看到与商品有关的其他重要信息。例如商品细节、商品功能、使用方法、企业实力、安全保证、售后服务等，这些都可以在详情页中形象地呈现。所以一个详情页不仅起到一位优秀导购的作用，还减轻了客服的工作量。

（3）消费者通过浏览详情页中的"商品对比"模块，或者浏览多个同类商品的详情页，达到"货比三家"的效果，消费更理智。

（4）当消费者浏览过商品的详细情况，仍然犹豫不决时，在详情页设计中添加营销方案，可以促进消费者下单。

（5）详情页中的"关联销售"模块，可以引导消费者进入本店铺其他推荐商品的详情页，增加店铺流量。

（6）详情页可以树立店铺的品牌形象。消费者浏览某个商品的详情页时，会对此店铺的整体风格、定位产生好感，即使消费者对当前页面的商品不满意，也会点击"店铺"按钮进入该店铺的首页，查看此店铺的其他商品。

3.3 详情页的构成

每个类目、每个产品的详情页都会有所不同,将大多数类目的详情页内容总结之后,大致可以罗列出 18 个模块。在设计不同产品的详情页时,有选择性地使用,并不需要全都用到(见图 3-3)。

详情页模块列表

海报头图	商品展示	核心竞争力	卖点展示	基本信息	细节展示
商品对比	情感营销	客户体验	商家承诺	品牌文化	实力展示
生产流程	包装展示	资质证书	问答或说明	关联或搭配	营销活动

图 3-3

下面以图 3-1 中连衣裙的详情页为例,分析各模块的展示方法与其作用。

3.3.1 海报头图

海报头图一般设计在详情页的第一屏,也叫作"商品海报图"或者"场景引导图",是商品展示到商品详细介绍的过渡图片,主要作用是树立产品形象(见图 3-4)。所以构图首先要考虑产品本身,想法与创意要围绕产品或者海报文案展开。

图 3-4

据统计，详情页中浏览量最大的是前三屏，三屏之后浏览的消费者渐少。

作为树立商品美好形象、吸引消费者眼球、引起消费者兴趣、让消费者产生向下浏览欲望的商品海报头图，可以说是详情页设计的重中之重。

几乎每个产品的海报头图都是整个详情页中最漂亮的，最吸引人的，也是最有设计感的，每一张商品海报头图都把商品主题与设计意图表达得淋漓尽致（见图3-5）。

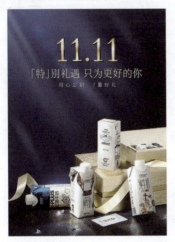 

图 3-5

3.3.2 商品展示

消费者购买商品时，最希望看到、了解的，当然是商品本身，所以，多方位展示商品是必须的（见图3-6）。尤其是服装类目，模特拍摄的多个角度、模特的多个动作、商品的多个颜色、商品的使用场景，都是消费者最关心的。

图 3-6

其他类目的商品展示也是多方位的，在整个详情页中占比重最大的就是商品展示模块，其主要作用就是满足消费者对商品深入而全面了解的愿望（见图3-7）。

图 3-7

3.3.3 卖点展示

每一件商品都有其特有的优点，将这些优点归纳整理之后，形成具有竞争力的卖点，用图片加文字的方式展示出来，就叫作卖点展示（见图3-8）。

图 3-8

卖点展示是整个详情页的重中之重，卖点展示模块是对产品优势的总结，赋予产品更高的价值，促进消费者产生购物欲望，从而让产品取得竞争优势。所以提炼的卖点必须符合目标客户群的需求，满足客户对产品的期望点。例如图3-8中衣服的个性的"字母"点缀、"版型设计""细腻工艺"等。

不同类目的商品其卖点提炼也各不相同，但所表达的意愿是相同的，即商品的优点、优秀和与众不同。例如图3-9、图3-10中功能类的商品，重点展示的卖点就是其功能的强大与使用的方便等。

图 3-9

 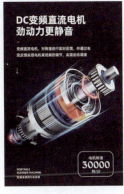 

图 3-10

  详情页每屏的停留时间为 2～5 秒，为了保证消费者能够更直观地看到有效信息，所有卖点的展现样式要保证协调一致，同时卖点的表达创意也尽量要直白、简洁、清楚、精准。做到让人"秒懂"。

  部分商品在展示卖点之前，会先展示卖点概括给那些没有耐心的买家。卖点概括利用小图标加文字的方式，简明扼要地说明以下卖点的精髓。卖点概括一般放置于详情页上半部分，有利于消费者迅速了解产品卖点，从而达到产品与用户的初步深入交流（见图 3-11）。

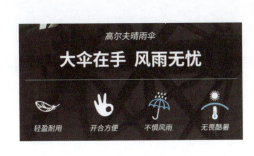 

图 3-11

3.3.4 基本信息

消费者选购大多数商品时,都需要了解具体产品参数或者基本信息,否则无法准确地购买适合自己的商品。例如衣服必须有尺码说明,其中包括测量说明、尺码建议、试穿报告,一般还会有商品属性说明,包括厚薄指数、弹力指数、柔软指数等说明(见图3-12)。

 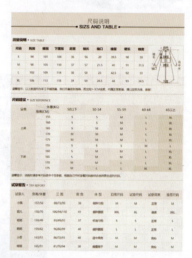

图3-12

基本信息的作用是介绍产品,准确反映产品。基本信息的形式多样,表达形式可以是纯文字,也可以图文兼备。

其他类目的商品基本信息也各不相同,例如功能类商品的基本信息——榨汁机的产品参数包括产品名称、容量、电压、功率、净重、加热方式、电机转速等;雨伞包括防晒性能、防水性能、材质、尺寸、净重等(见图3-13)。

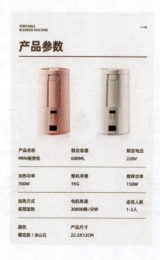 

图3-13

3.3.5 细节展示

当消费者对商品的外观与参数有了大致了解后,就会希望再看看商品细节。有句话叫作"细节决定成败"。细节展现了一个人或者一个企业做事情的态度。大家一致认为一个细节都做得考究精致的商品,质量一定信得过。

细节展示模块的设计表现不同于卖点展示的表达方式,它的作用是用放大的产品细节图片配合文案,来传达产品本身的细节与设计工艺,让消费者近距离地了解产品,做到更直观、更准确,增强消费者的体验感(见图 3-14)。

图 3-14

细节展示也是一个展现优点的舞台,如果把这一模块利用得当,对消费者来说很有说服力。

服装类目的细节展示一般展示做工的精细与细微处的样式,例如衣服领口、袖口、纽扣、下摆等。

其他类目例如功能类的商品——保温杯在细节展示模块展示了杯盖密封不漏、不锈钢内胆长效锁温等;运动鞋细节展示模块展示了舒适鞋面、柔韧易弯折鞋底等(见图 3-15)。

图 3-15

3.3.6 关联或搭配

在单品详情页中添加搭配推荐模块，或者添加关联销售模块，把经过挑选的几个性价比高、爆款、新款、主推商品、活动商品，或者商品辅助性的产品，放进此模块中，是关联营销的一种策略。

这种关联营销可以使消费者在当前页面就能看到自家店铺的更多商品，带来更多的点击，减少跳失率，由此更好地利用宝贵的流量资源，有效地分摊推广成本，提高客单价。

关联销售模块在详情页中，位置一般在顶部，而一般商品或者跳失率高的商品，关联销售模块应放在顶部。转化率高的商品，关联销售模块建议放在底部。而搭配推荐模块，建议放在详情页的中部。

图3-16粉色连衣裙详情页中，搭配推荐了风衣；儿童记忆枕详情页中，添加了关联销售模块，推荐了四种类型的枕头产品。

图 3-16

3.3.7 品牌文化

品牌文化是指通过赋予品牌深刻而丰富的文化内涵，建立鲜明的品牌定位。

强调品牌文化，是强调此品牌的拥有者、购买者、使用者之间拥有共同的、与此品牌相关的独特信念与共同的价值观，于是这种品牌文化被有效地传递给消费者并与消费者产生共鸣，形成消费者对品牌文化精神上的认同，消费者产生归属感，并信仰该品牌的理念追求，最终形成强烈的品牌忠诚，赢得稳定的市场，增加企业的竞争力。

品牌文化模块可以重点展示品牌故事、企业愿景、服务意识、成长历程等（见图3-17）。

第 3 章 详情页设计

图 3-17

3.3.8 问答或说明

大数据表明，越来越多的消费者没有耐心询问客服，自行浏览商品后合适就下单，遇到问题或者没看明白，直接离开。

对于一些常见问题，可在详情页中规划"问与答"模块，专门说明一些产品普遍存在的问题（见图3-18）。现在这些问题会在"问大家"栏目呈现，将这些问题归纳总结之后，体现在详情页面中，可提升消费者的购物时效，打消消费者的疑虑。

图 3-18

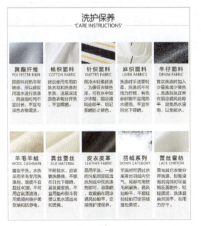

图 3-19

143

大多数店铺都为商品规划了产品说明书，告知消费者此产品的详细用法，或者给消费者普及此类型产品的养护知识，为消费者做温馨提醒。这样做不但方便消费者更好地使用该商品，还彰显了店铺认真负责的做事情的态度。

这类"问答与说明"页面一般以文字为主，图片为辅，除了说明一些产品特有的问题之外，大部分会对价格、色差、发货、物流、售后等进行说明。

3.3.9 商品对比

对比分为效果对比与竞争对比两类（见图3-20）。效果对比是指使用某产品之前与之后的效果对比；竞争对比是指别人家的同类产品与自家产品的优劣对比。

 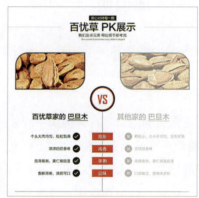

图 3-20

效果对比是说明产品功效与效果的一大利器，营销效果明显。通过使用某产品前后的效果图片对比，消费者明确地感受到此产品的利益点，帮助消费者对此产品产生信任感。

购物比较谨慎的消费者在购买商品时，一般会货比三家，详情页中规划"商品对比"模块，可以满足消费者的这种"比较"需求。我们用自己的"优点"挑战竞品的"缺点"，这种对比鲜明的图片本身，就非常有说服力，使消费者增加对本商品的好感。

3.3.10 包装展示

包装展示分两种，一种是向消费者保证，商品可以平整、完好地送达手中的坚固包装，另一种是满足消费者送礼需求的礼物包装（见图3-21）。对于某些易碎商品或者要求商品平整稳妥的情况来说，第一种包装展示非常重要。因为商品的完好与否是消费者非常担心的问题，即使商家保证损坏包赔，但是大多数人还是怕麻烦，希望拿到的商品平整、干净、完好。

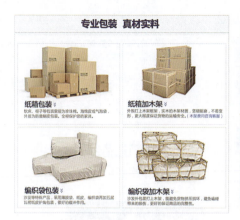 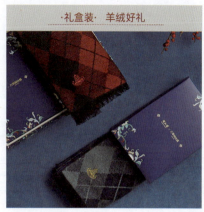

图 3-21

3.3.11 资质证书

商品是否健康、安全、天然是消费者比较关注的事情，尤其是与食品相关行业的产品、儿童用品、孕婴用品、动物皮毛制品家居用品等。适当展示企业认证、行业认证、荣誉证书等证明，可以打消消费者的疑虑，证明商品安全、可靠（见图 3-22）。

图 3-22

3.3.12 商家承诺

消费者在决心购买一件商品之前，总会有各种顾虑，例如质量好不好？是不是正品？售后服务情况如何？货到了不满意怎么办？退换货方便吗？等等。为了让消费者打消疑虑，商家在举出各种证据之后，还要作出承诺与保证，就好像让消费者吃下一颗定心丸。

这种承诺与保障一定要解决消费者最担忧的问题，解决消费者的后顾之忧，消费者才会放心地下单（见图3-23）。

图 3-23

3.3.13 核心竞争力

有些产品与竞品有着差异化的优势，这个优势非常明显而独特，可以形成自身核心竞争力，是值得消费者购买的强有力的理由。将这个优势单独用一个模块表达出来，营销效果是非常好的（见图3-24）。

图 3-24

3.3.14 情感营销

情感营销是指从消费者的情感需要出发，唤起和激发消费者的情感需求，诱导消费者心灵上的共鸣，引发购买冲动的营销方式（见图3-25）。

图3-25

消费者在浏览商品时，如果出现与情感产生共鸣的文字或者场景图片，受到触动，那么对此商品所看重的已不是商品质量好坏或者价格的高低，而是一种感情上的满足，一种心理上的满足。

3.3.15 客户体验

客户体验模块主要展示"好评"之类的图片内容，以及商品的使用方法或者真人试用、买家秀、尺寸对照表等，给消费者提供直观的商品使用体验来引导消费（见图3-26）。

图3-26

客户体验一定要收集真实、实用的数据，以创造最符合客户消费偏好的客户体验。

好评模块是根据从众心理设置的。从众心理是我们潜在的内心安全感的需要，就好像我们感觉门口排队最长的餐馆，一定很好吃；"杯子连起来能绕地球三圈"的香飘飘奶茶广告，销量那么好，那这个产品应该不错。

3.3.16　实力展示

消费者对有实力、有规模的企业更容易产生信任感与认同感，店铺可以通过展示工厂规模、线下店铺、办公环境、仓储、合作品牌等，消除消费者对企业实力的疑虑，增强消费者对产品的信心，提升商品的价值，帮助消费者作出购买决策（见图3-27）。

图 3-27

3.3.17　生产流程

对于一些追求生产工艺的商品，展示商品的生产流程尤为重要，可以消除消费者对商品的顾虑，增加消费者对商品的信任感，还可以增强对产品的好感（见图3-28）。

 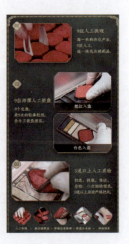

图 3-28

展示生产流程与制作工艺最好用视频，能帮助消费者更直观、更细致地了解产品的精工细作。

3.3.18　营销活动

之前出现在店铺首页的优惠券、优惠促销、幸运抽奖等营销活动，现在规划进了详情页中（见图3-29）。消费者在浏览单品详情页面时，就能了解店铺的各种营销活动，促使消费者下单成交，或者为达到活动要求，消费者继续购买其他商品，从而提高了客单价。

图 3-29

如果详情页中规划了营销模块，一般放在头图海报之前，让消费者先了解本店铺正在进行促销优惠活动，引起消费者的兴趣。

详情页中除了以上18个常见的模块，还有设计解读、面料展示、公益慈善等。例如书包、文具等模块偶尔可见公益慈善模块的使用。先辈曾教导我们"日行一善"，现代的各种公益积金、公益活动林林总总，人们都希望做一些对公众有益，对社会有意义的事情，希望帮助弱势群体快速成长，希望世界变得更美好。每个人都有利他性，所以如果店铺参加了公益活动，可以用这一模块展示出来。

根据商品特点的不同，会在详情页上增加相关模块，以更合适的方式展示商品的特点。

第3章实战（1）

新建尺寸为750像素×1000像素，分辨率为72dpi的文件，使用提供的素材，制作化妆品海报头图（见图3-30、视频3-1）。

视频 3-1

第3章实战（2）

新建尺寸为750像素×1000像素，分辨率为72dpi的文件，使用提供的素材，制作化妆品海报头图（见图3-31、视频3-2）。

视频 3-2

第 3 章实战（3）

新建尺寸为 750 像素 ×1000 像素，分辨率为 72dpi 的文件，使用提供的素材，制作化妆品海报头图（见图 3-32、视频 3-3）。

视频 3-3

图 3-30

图 3-31

图 3-32

3.4 详情页的设计步骤

详情页的设计绝不是毫无目的地创作，也不是随意堆砌多个模块。详情页设计流程科学而严谨，要经过"接受任务、分析商品、分析受众人群、分析竞品、规划风格、设计文案、确定模块及顺序、准备图片素材、PS 等软件设计制作、提交相关人员审核、通过并上传发布/修改"这 11 个流程（见图 3-33）。

接受任务之后，各流程分析如下。

（1）分析商品。

首先要分析商品的卖点，也就是商品的竞争力，包括商品特点、优点、利益点、证明，将这些内容挖掘整理出来，用 FABE 销售法则展现在消费者面前。

FABE 销售法则是利用商品的特点、优点、利益点、证明进行推销的战术。

详情页设计流程

1. 接受任务
2. 分析商品（商品属性、商品卖点）
3. 分析受众人群（买家画像、痛点、情感营销）
4. 分析竞品（突出差异化优势）
5. 将以上内容总结，规划整体风格（颜色、字体）
6. 设计文案（卖点、参数、其他）
7. 确定模块及顺序，画出草图
8. 准备图片素材
9. PS等软件设计制作
10. 提交相关人员审核
11. 通过并上传发布/修改

图 3-33

- **F（Features）**：产品特点，主要从产品的结构、技术、材质、工艺、造型、生产流程等角度传达产品固有的特点，属于理性信息，一般是名词、描述词，一定不是形容词。

  例如"特固"牌轮胎的特点：进口非洲赤道橡胶树胶为原料。

- **A (Advantages)**：优点，是由上面的产品特点衍生出来的，也属于理性信息，一般是形容词。

  例如"特固"牌轮胎的优点：超级耐磨、超级防滑。

- **B (Benefits)**：利益点，是站在消费者生活场景衍生出来的卖点，属于感性信息。

  例如"特固"牌轮胎的利益点：

  因为超级耐磨，所以十年无忧（对想省钱的消费者而言）；

  因为超级耐磨，所以放心驾驶（对注重安全的消费者而言）；

  因为超级防滑，所以在山地、雪地、泥地畅行无阻（对喜欢越野的消费者而言）；以上利益点都属于感性信息。

- **E (Evidence)**：证明，一系列可视化的内容，包括对比演示、证明材料、图片、证书、发明专利等。

  例如"特固"牌轮胎的证明：普通轮胎与"特固"轮胎的对比图片；橡胶原料进出口海关检验报告单；获得的荣誉……

大多数商品都可以使用 FABE 销售法则表达卖点，可以使卖点非常具有说服力，但它的缺点是稍显"啰嗦"，所以可以视情况取舍，灵活应用。

（2）分析受众人群。

从所有消费者中筛选出本商品的目标受众，然后针对这些符合用户画像的目标受众做精准营销，解决他们的痛点，或者进行情感营销。

用户画像是主动或被动地收集用户在互联网留下的种种数据，最后加工成一系列的标签，其中包含性别、年龄、地域、职业、学历、爱好、消费水平、购物习惯、品类偏好等信息。我们通对这些信息进行整理，从而进行有针对性的营销活动（见图 3-34）。

图 3-34

利用"生意参谋→人群管理→人群画像深度描绘"功能，可以深度洞察目标人群画像与行为偏好（见图3-35）。

图3-35

此外，还要对商品的外观、颜色、风格进行分析、总结，为下一步的工作打好基础。

（3）分析竞品。

所谓知己知彼，百战不殆。做详情页不能闭门造车，一定要多看销量好、口碑好的同行的详情页，做到"他无我有，他有我优"，吸取对方的优点，避免对方的缺点。

做好竞品分析之后，找出与竞品相比自家商品具有差异化的优势，用设计手法重点体现。例如商品特色、技术优势、价格优势、品牌优势、热销盛况、口碑、附加价值、安装物流服务、售后保障等。

（4）规划风格。

分析了自家的产品特质，分析了目标受众人群的购物偏好，还分析了竞品的详情页，总结以上内容，就可以初步规划自家产品的详情页风格、配色、字体的内容了。

以下面这款便携式榨汁机为例（见图3-36）。

这是一款深受时尚年轻女性喜爱的小型榨汁机，造型简洁时尚，小巧便携，充电方便，高转速，长时续航。这款产品的受众人群以年轻时尚的女性为主，追求健康，希望随时都能喝到新鲜果汁。

同类竞品的详情页显示，其他便携榨汁机功能相似，但没有优惠活动，质保时间较短，详情页风格偏成熟。

计划本产品详情页采用一种年轻、健康、自然、舒适的风格；运用清新的配色，白色背景＋粉色色块；字体选择时尚的、辨识度高的阿里巴巴普惠体。

图 3-36

（5）设计文案。

综合自家的产品特质、目标受众人群的购物偏好与竞品的文案，将自己产品的卖点文案提炼出来，形成 Word 文档（见图 3-37）。其中包括以下问题：

- 商品的受众是谁？

  追求健康的、时尚的年轻女性。

- 商品的卖点，即消费者为之买单的原因是什么？

  便携；小体积；高转速；榨汁快；大容量电池；操作简便。

- 解决消费者的痛点问题。

  充电无需插拔；材质健康无毒；自动断电安全；冲水清洗不麻烦。

- 营销点是什么？即为顾客提供的更多利益点有哪些？

  两年全国联保；顺丰快递；赠运费险；以换代修服务。

（6）确定模块及模块顺序，画出草图。

- AIDMA 法则

图 3-37

美国广告人刘易斯提出了具有代表性的消费心理模式"AIDMA 法则"，即消费者从接触广告信息到最后购买所经历的 5 个阶段。我们可以科学地将 AIDMA 法则应用在电商详情页各模块的排序中。根据购物心理分析逻辑，对消费者的消费心理进行针对性的引导，更容易打动消费者，促进下单成交（见图 3-38）。

AIDMA法则

A.（Attention）：引起注意
吸引消费者眼光，让消费者产生第一印象。

I.（Interest）：产生兴趣
令消费者仔细端详商品。

D.（Desrie）：培养欲望
令消费者深入体会商品的实际用途或真实体验。

M.（Memory）：形成记忆
让消费者进一步确认商品与描述是否相符。

A.（Action）：购买行动
给消费者一个行动理由。

图 3-38

- 排序设计方案

详情页各个模块的排序设计以 AIDMA 法则为基础，把握消费者心理，依据消费者的购物心理逻辑，推导出排序设计方案如下。

①引发注意，包括：商品展示、核心竞争力、促销信息、买家痛点、情感营销等。

②激发需求，包括：卖点展示、细节展示、基本信息等。

③建立信任，包括：基本信息、品质质量、承诺保障、用户评价、资质证书等。

④消除顾虑，包括：商品对比、生产流程、品牌文化、售后物流等。

⑤促进成交，包括：限时优惠、活动信息、实力展示、情感营销等。

- 真实案例模块排序文案

图 3-39 为便携式榨汁机的详情页模块排列。

详情页模块的排序规则不是一成不变的，因为它就是根据平时大家去实体店的购物习惯顺序而制定的，商品不同，顺序也会不同。

例如购买一件女装，一般把商品展示与卖点展示放在前面，因为消费者最关注的是商品的外观、样式、材质；而购买一台联想台式电脑时，消费者最关注的是各个配件的参数，所以会把参数信息放在前面。

再例如购买电饭煲的时候，对功能、参数信息大致做了解之后，消费者一般还会关心售后服务，是否保修、是否全国联保等信息，所以要把它们放在详情页的中间位置；而购买一只玻璃保温杯的时候，人们根本不太关心售后服务，而是关注包装、物流方面的信息，因为比较担心的问题是商品能不能完好无缺地快递到自己手中，所以这一模块也要放在重要位置。

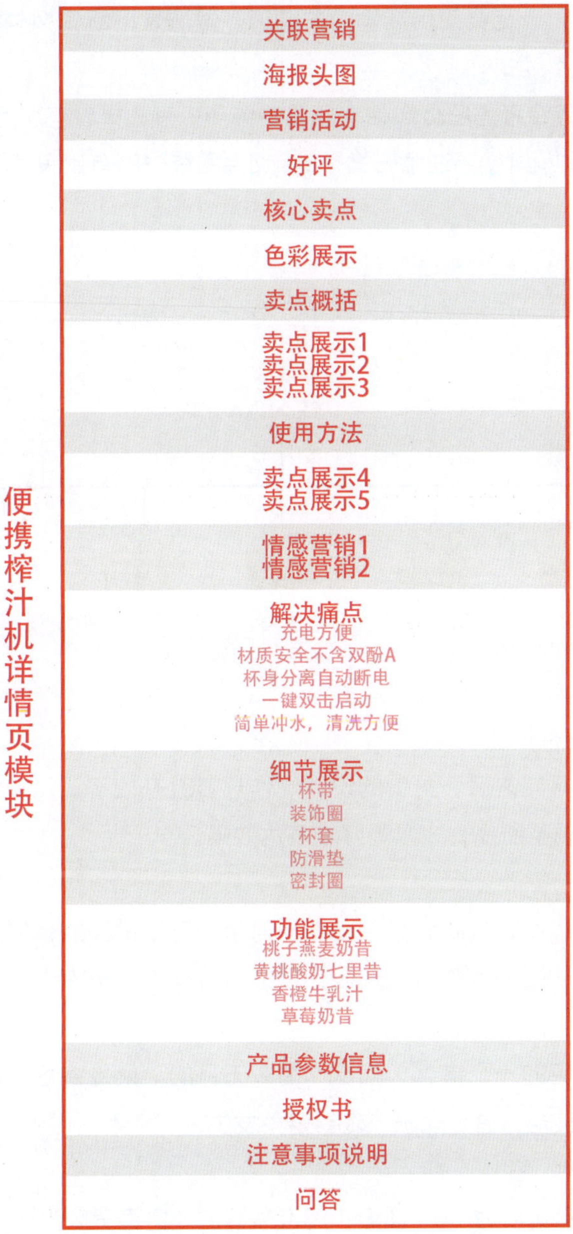

便携榨汁机详情页模块

- 关联营销
- 海报头图
- 营销活动
- 好评
- 核心卖点
- 色彩展示
- 卖点概括
- 卖点展示1
- 卖点展示2
- 卖点展示3
- 使用方法
- 卖点展示4
- 卖点展示5
- 情感营销1
- 情感营销2
- 解决痛点
  - 充电方便
  - 材质安全不含双酚A
  - 杯身分离自动断电
  - 一键双击启动
  - 简单冲水，清洗方便
- 细节展示
  - 杯带
  - 装饰圈
  - 杯套
  - 防滑垫
  - 密封圈
- 功能展示
  - 桃子燕麦奶昔
  - 黄桃酸奶七里昔
  - 香橙牛乳汁
  - 草莓奶昔
- 产品参数信息
- 授权书
- 注意事项说明
- 问答

图 3-39

（7）准备图片素材。

根据以上卖点与文案的整理，开始准备相应的素材图片。对于素材图片的要求自然是越清晰越好，自己拍摄的原创图片更好。

- 网上下载素材要注意版权问题，最好到专业的图片素材网站去找，例如"花瓣网""昵图网""千图网""汇图网""红动中国""致设计"等。以上网站的图片有些需要付费，有些可以免费使用，请注意使用权限。

- 搜索素材图片时，一定要使用准确的关键词，做法是不断变换关键词来搜索，直到找到目标类型的图片。
- 准备素材时，要综合考虑整体风格与色调的统一，有选择、有规范性地搜集。

在搜集素材图片过程中，要注意归类存储，文件名统一而有代表性，方便识别与管理（见图3-40）。

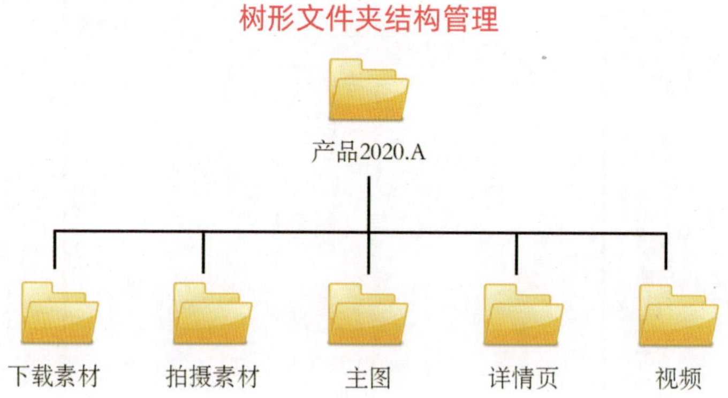

树形文件夹结构管理

产品2020.A
├── 下载素材
├── 拍摄素材
├── 主图
├── 详情页
└── 视频

图 3-40

（8）用 PS 等软件设计制作。

以上工作逐步进行完之后，关键的设计制作环节就开始了。用 PS 或其他软件制作详情页时，技术层面需要不断提升，以更好地表达效果。

- 设计原则

在详情页制作过程中，核心思想一定要搞清楚，即"设计的目的是为了传达信息"。作图要讲目的性，每一张图片都有一个设计目的，不是为了美而设计，而是为了传达某个内容信息。设计要"言之有物"，要有"灵魂"，这是每位设计师都要牢记的。

初为设计师最常犯的一个错误，就是作图毫无目的，只是将各个设计元素组合拼接在一起，或者只是为了美观，这个现象一定要避免发生。

- 详情页的尺寸

天猫店铺的详情页宽度为 790 像素；淘宝店铺的详情页宽度为 750 像素。

手机端详情页的尺寸范围为：480 像素≤宽度≤1242 像素，所以，在设计详情页面时，一般将文件宽度设置为 750 像素，高度根据产品实际需要暂时设定，后期灵活增减。

下面开始设计制作详情页，经过以上几个步骤，便携式榨汁机的详情页制作完成（见图 3-41、图 3-42）。

最后就是提交作品→相关人员审核→通过→发布，或者修改→通过→发布。

第 3 章 详情页设计

图 3-41

图 3-42

> **注意**：详情页的制作，一般都要经过"接受任务、分析商品、分析受众人群、分析竞品、规划风格、设计文案、确定模块及顺序、准备图片素材、PS 等软件设计制作、提交相关人员审核、通过并上传发布/修改"这 11 个流程。有时制作一个同类商品，可能省略个别流程，但大部分流程不能省略。

制作详情页的方法除了完全原创设计之外，还可以利用模板。在各个素材网站上，以及淘宝官方也提供了种类繁多的详情页模板。同时提供了详情页各个单独模块的模板，例如产品参数模板、卖点模板、产品细节模板、卖点概括模板等（见图 3-43）。

这些模板有免费与付费使用两种，可按实际情况选择。

图 3-43

第 3 章实战（4）

新建尺寸为 790 像素 ×1000 像素，分辨率为 72dpi 的文件，使用提供的素材，制作详情页销量说明模块（见图 3-44、视频 3-4）。

视频 3-4

第 3 章实战（5）

新建尺寸为 790 像素 ×1200 像素，分辨率为 72dpi 的文件，使用提供的素材，制作详情页卖点面料说明（见图 3-45、视频 3-5）。

视频 3-5

第 3 章实战（6）

新建尺寸为 790 像素 ×2437 像素，分辨率为 72dpi 的文件，使用提供的素材，制作详情页细节图（见图 3-46、视频 3-6）。

视频 3-6

图 3-44

图 3-45

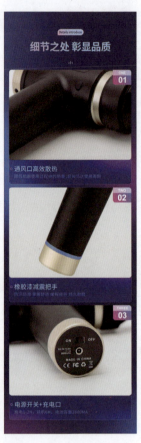

图 3-46

3.5 详情页的制作技巧

  详情页就是一个营销页面，其核心内容就是面向消费者，做"攻心"之术，利用多种营销手段，为消费者设计一个"被吸引→感兴趣→深入了解→打消疑虑→放心下单"的过程，所以，一定做好计划，并且有目的、有方法地进行设计制作。

3.5.1 详情页整体设计技巧

  1）好详情页的判断

  好的详情页就相当于给买家写了一个故事，故事讲得逻辑缜密，声情并茂，生动可信，美观流畅，就能够打动消费者的心，消费者看完放心地下单；如果故事讲得逻辑混乱，甚至不能自圆其说，买家连看的欲望都不会有。

举个例子，身为一名设计师，在学习与观摩其他详情页的时候，本来没有消费需求，却有了购买的欲望，由此可以判断，这是一个好的详情页，值得我们学习与借鉴。

2）设计要有目的性

做设计一定要有目的。设计不是纯粹的艺术作品，只是为了美或者情绪的表达。设计要有目的性，设计的根本目的是为了传达信息，每一个设计作品都有其需要表达的具体内容。为了表达这个内容，需要用到配色、构图等设计技巧。

设计技巧是用来帮助完成信息内容的表达及向受众传达的。这期间美观只是一种设计需要，而不是设计的目的。

带着目的设计一件作品，要做到"言之有物"。例如某详情页出现与商品无关的内容，既不是为了宣扬企业文化，也不是想表达商品使用场景，只是因为它漂亮而占据了一屏，就比较浪费。例如图3-47的开心果详情页中出现了鲜花图片，看似漂亮，但是与商品本身完全无关，也没有什么信息的传达。

3）设计的一致性

- 商品一致：在电商设计中，商品的主图与详情页内容一定要保持一致，否则会有"挂羊头卖狗肉"的嫌疑。消费者看到主图点击进来，发现详情页中的商品不是自己在主图中看到的那一个，便马上离开，并且会对店铺留下不良印象。
- 描述一致：在主图上强调的内容要与详情页中的描述保持一致。例如某榨汁机主图中强调的卖点是"便携"，消费者就是想买一个小型榨汁机而点击进入详情页的，但在详情页中对"迷你"的卖点却只字不提，消费者也会失望地离开。所以，主图中的主要卖点要与详情页中的内容保持一致，对主图中的卖点在详情页中加以体现（见图3-48）。

图3-47

图3-48

- 风格一致：多张主图的风格、整张详情页的风格、主图与详情页的风格，都要尽量保持一致。是活泼、时尚、青春，还是成熟、稳重、大气，或者科技、酷炫，等等。确定风格之后，素材、配色、构图、字体等需要根据风格统一标准。页面整齐有序，有助于提高店铺的整体形象。

尤其是详情页的配色不可以凌乱冲突，一般情况下，详情页设计时先确定主色调，再确定辅助色与点缀色。主要色彩不要超过三种。使用同类色或者同一种颜色的明度变化相互搭配比较安全。

- 字体一致：字体的使用除了要注意版权问题之外，也要统一标准，海报头图可以使用不同的字体，其余文字最好统一。所有字体不要超过三种，否则会显得杂乱没有秩序感。
- 标题样式一致：每一级别的标题文字都有统一的标准（见图3-49）。例如：一级标题使用阿里巴巴普惠 Medium，字号大小为60点，色号为 #006293；二级标题使用阿里巴巴普惠 Regular，字号大小为48点，色号为 #3597e0。

4）用好视觉动线

视觉动线是指眼睛在阅读、浏览画面时，视觉移动时所构成的方向路径。一般有"F"形和"Z"形。做电商网页时，可以根据动线的规律，安排页面的布局。

图 3-49

从字面意思可以看出，Z形布局是沿着Z的轨迹追踪，用户在浏览时从左到右，从上到下，这是眼睛在页面中的自然移动模式（见图3-50）。

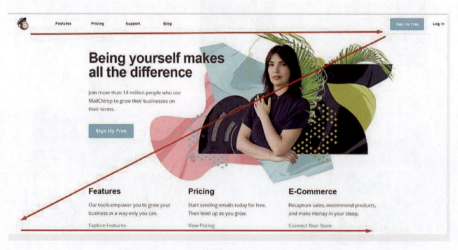

图 3-50

这种"Z"形布局延长之后重复排序,就会形成"S"形布局,用户的视觉路线从左到右,向下再从左到右,这种做"S"形运动的浏览路线,在网页中运用得比较多。将重要内容布置在动线上,使受众在浏览时自然而流畅地接收到重要信息(见图3-51)。

5)图片比文字更直观

当下的人们都是"标题党",阅读习惯是"瞟读",这就要求详情页内容简单明了,最好是"一眼见""秒懂"。

图片与文字相比,更直观,更容易被大众所接受,所以,可以用图片表达的内容,尽量不要用文字,或者以做图片为主、文字为辅的表达(见图3-52、图3-53)。

图3-52

图3-51

图3-53

6)少即是多

- 在这个碎片化时代,人的耐心都是稀缺资源,消费者浏览页面的耐心有限,所以页面并不是越长越好,信息也不是越全面越好,而是在有效传达信息的基础上页面越精炼越好。设计的一大原则就是"少即是多"。
- 无线端详情页还要注意文件的大小,最好控制在8~10屏,尽量不超过15屏。因为文件越大,越不利于加载,搜索越不占优势。所以在能讲清楚卖点的基础上尽量少。

- 保存文件时可以设置"保存为 Web 可用格式",再调整一下品质大小,在清晰度相差不大的情况下可以减少很多字节数。

7)文字要大

我们一直在强调,在电脑屏幕上看着合适的产品与文字,放在手机屏上一定会小,所以一定要注意测试设计作品在手机上的显示效果(见图 3-54)。

鉴于目前电商购物绝大多数都是通过手机 App 的,所以详情页也可以以手机显示比例为准进行设计创作。这样的作品比例在电脑显示器上显示,无论是图片还是文字都显得有些大,但并不影响浏览,只要在手机屏幕上显示正常就可以。如果条件允许,则建议设计手机与电脑显示器两套标准。

图 3-54

8)一屏一主题

关于"一屏一主题"的概念在模块一中也有提及。这里是指详情页进行一屏一主题的区块化设计,一个区块只讲一个主题,或者一屏只讲一个主题。例如当前区块讲宝贝细节,下一区块讲宝贝参数信息,再下一区块讲质量认证等,内容不是随意乱放的,主题也不是混乱的。

这里讲的一个区块可以超过一屏,也可以刚刚好一屏,建议一个区块刚刚好一屏,一屏只放一个主题。在这个快餐化时代,一屏一主题可以简单清晰地表达内容,符合大众的浏览习惯(见图 3-55)。

> 注意:多个卖点的表达不必一定要"一屏一主题",那样的话如果卖点很多,就会导致详情页过长。可以在一屏中设计两到三个卖点(见图 3-56)。

第 3 章　详情页设计

图 3-55　　　　　　　　图 3-56

9）区块要有间隔

在制作详情页的时候，各个区块之间要有间隔，图片与文字之间也要有呼吸空间，否则密不透风的信息堆砌，阅读时容易产生厌烦感。

间隔可以利用区块标题，也可以直接用空白（见图 3-57）。

10）详情页需要优化

消费者想要看到的内容就是消费者当下的购物需求，这个需求会随时间的变化、市场的变化而随之改变，要想保证这个详情页中呈现的内容对消费者一直有吸引力，就需要不停地探索消费者当下的最新需求。所以不要一个详情页做好之后就用到天荒地老，要经常检查，有必要时进行更新。这些信息可以在最近的"问大家"和"评价"中获得，如果自己家的信息量少，可以参考竞品的相关信息。将得到的信息综合整理之后，在详情页中进行优化（见图 3-58）。

图 3-57

图 3-58

3.5.2 头图海报的设计技巧

详情页是一个较长的设计作品,其中包含多个模块,每一模块都有不同的设计要求,也有不同的技巧。下面以头图海报的设计为例进行阐述。

1)头图海报的构图方式

海报的构图方式与主图的构图方式大体相同,主要有特写式构图(见图 3-59)、左右型构图(见图 3-60)、上下型构图(见图 3-61)、对角线型构图(见图 3-62)和自由式构图(见图 3-63)。

图 3-59　特写式构图　　　　　图 3-60　左右型构图

图 3-61　上下型构图　　　　图 3-62　对角线型构图　　　　图 3-63　自由式构图

2）海报的四要素

一般情况下，海报是由"主题""背景""文案""装饰"四个要素构成的（见图3-64）。四要素的基本设计要求如下。

主题：明确、醒目，详情页的头图海报也叫作焦点图，要在第一时间吸引买家的注意力。

背景：采用能够帮助展示品牌调性以及产品特色的背景，主要起到烘托主题的作用，不能影响主题的表达。

文案：要做到主标题突出，主次分明，有大小对比、粗细对比，符合阅读规律。

装饰：起到装饰画面、丰富画面的作用，内容要合适，数量也不必太多，不能影响主题的表达。

图 3-64

3)海报中的对比

"对比"是指在画面元素中,形成强烈的冲突或截然不同的呈现。如大小、颜色、冷暖、明暗、虚实、肌理、方向、位置等一切可以产生变化的元素。

"对比"是增加画面冲击力的重要方法,在海报中做好"对比",可以让视觉甚至心理产生强烈感受,从而形成用户记忆,有利于该设计信息的传达。

(1)大小对比。

在图3-65、图3-66中,文字的大小、粗细、位置的对比,形成强烈的视觉冲击。希望被受众第一眼看到的内容,也就是主题,要放大,其他元素要缩小,形成对比。文案与图像都是如此。

图3-65

图3-66

(2)颜色对比。

人们总是喜欢看有变化的画面,总是被对比强烈的色块吸引,强烈的颜色对比可以吸引消费者的眼球(见图3-67、图3-68)。

图3-67

第 3 章 详情页设计

图 3-68

（3）冷暖对比。

冷色调与暖色调出现在同一画面中时，冲击力充满整个画面，作品丰富而富有张力，可以提升作品的整体效果（见图 3-69）。

图 3-69

（4）明度对比。

明度的对比几乎是所有设计作品中必备的一种对比方式，通过光与影、明与暗突出主题，表达重点信息（见图 3-70）。

图 3-70

（5）虚实对比。

虚与实的对比手法常用于摄影作品中，用"虚幻"来表达背景与次要元素，用"清晰"来表达主题与主要信息，使主题表达更充分，更富冲击力（见图 3-71）。

（6）疏密对比。

有疏有密，有聚有散，才能产生节奏感和空间感（见图 3-72）。

图 3-71　　　　　　　　　　图 3-72

（7）肌理对比。

肌理可以增加画面的表现力、创意性、生动性（见图 3-73）。

图 3-73

4）不同商业需求的海报设计重点

我们从事的是商业设计，一切都要从商业的角度出发，所以，在开始一个设计之前，一定先搞清楚，其商业目的是什么？是普通海报，还是活动促销或者节日促销？或者是做品牌宣传？

（1）普通详情海报。

大部分详情海报是普通详情海报，是整个详情页的焦点图，突出展示商品为主，利用符合商品特性的背景与装饰，树立商品本身的美好形象，让消费者在极短的时间内对商品产生兴趣与好感（见图 3-74）。

（2）活动促销型详情海报。

活动促销的目的就是大力宣传优惠活动，强化优惠力度与利益点，用热闹、有冲击力的促销氛围刺激消费者的购买欲（见图 3-75）。

图 3-74

图 3-75

（3）节日促销型详情海报。

节日促销与活动促销的目的相同，都是要以优惠活动刺激消费者的购买欲，不同的是更强调购物氛围的营造，并添加烘托相应节日氛围的元素。

根据节日的不同，海报的风格也会不同（见图 3-76）。

（4）品质型详情海报。

品质型详情海报不以促销为目的，主要展示品牌调性与商品的品质感，或者品牌的某种精神内涵。在设计上更简约、高档、大气（见图 3-77）。

图 3-76

图 3-77

第 3 章实战（7）

新建尺寸为 790 像素 ×2955 像素，分辨率为 72dpi 的文件，使用提供的素材，制作详情页活动头图模块（见图 3-78、视频 3-7）。

视频 3-7

第 3 章实战（8）

新建尺寸为 790 像素 ×1100 像素，分辨率为 72dpi 的文件，使用提供的素材，制作详情页活动头图模块（见图 3-79、视频 3-8）。

视频 3-8

第 3 章实战（9）

新建尺寸为 790 像素 ×1000 像素，分辨率为 72dpi 的文件，使用提供的素材，制作详情页证书模块（见图 3-80、视频 3-9）。

视频 3-9

第 3 章 详情页设计

图 3-78

图 3-79

图 3-80

3.6 详情页的切片

在这个碎片化时代，人们普遍缺乏耐心，如果详情页面在 2 秒钟之内打开，一般消费者可以接受。当一个页面的打开时间超过 6～8 秒钟，大部分人都会跳转离开。

详情页由于信息量大，整张页面大部分高度超过 5000 像素，大小在 2MB 以上，如果整张页面上传，打开需要较长时间，但是如果切片之后，每张图片大小在 120KB 以下，页面就可以在 2 秒钟内打开，跳失率自然降低。

建议使用自动划分切片，每个切片的高度约为 1000 像素即可。

3.6.1 详情页自动切片步骤

（1）用 Photoshop 软件打开制作好的 jpg 或者 png 格式的详情页，单击"图像"→"图像大小"，查看详情页的高度为 7486 像素，以每个切片的高度约为 1000 像素为准，可以平均切成 8 片（见图 3-81）。

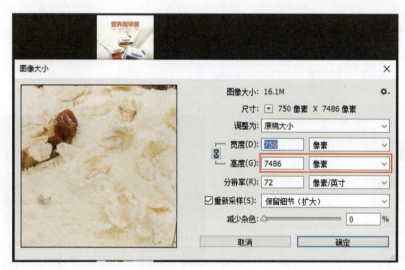

图 3-81

（2）单击"切片"工具或者连续按下 Shift+C 快捷键，使用切片工具将整个详情页切成 1 片。在切片上单击鼠标右键，选择"划分切片"选项（见图 3-82）。

（3）在打开的对话框中勾选"水平划分为"选项，在下方的输入框中输入数字"8"（见图 3-83）。

（4）单击"确定"按钮。单击"文件"菜单→"存储为 Web 所用格式"选项，弹出对话框，设计合适的品质，单击"存储"按钮，在弹出的小对话框中选择保存位置，命名文件名为"产品 1 详情页切片"，"切片"选项选择"所有切片"（见图 3-84）。

（5）打开保存位置的 images 文件夹，查看切片图片文件（见图 3-85）。

第 3 章 详情页设计

图 3-82　　　　　　　　图 3-83

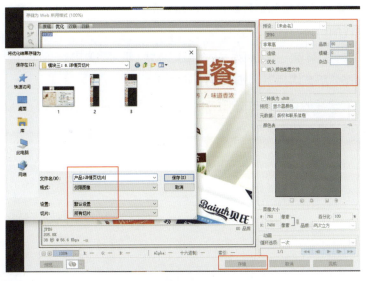

图 3-84

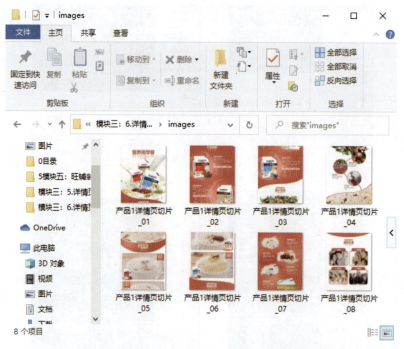

图 3-85

3.6.2 基于参考线的切片步骤

划分切片的方式方便简单,但是容易把连续的内容分开,这时可以使用"基于参考线的切片"方式,对详情页进行切片。

(1)首先按照图片的排列拖动参考线,然后单击"切片"工具,在窗口上方的选项栏选择"基于参考线的切片"选项(见图 3-86)。

(2)单击"文件"菜单→"存储为 Web 所用格式"选项,弹出对话框,选择合适的设置,"切片"选项选择"所有切片",即可保存所有切片。

除了以上两种快捷的切片方式,还可以使用切片工具纯手动切片,可以灵活掌握切片的位置与大小,但缺点是效率太低。

第 3 章 详情页设计

图 3-86

第 3 章实战（10）

新建尺寸为 790 像素 ×8000 像素，分辨率为 72dpi 的文件，使用提供的素材，制作保温杯详情页（见图 3-87、视频 3-10）。

视频 3-10

图 3-87

第 4 章

首页与专题页的设计

4.1　首页的作用
4.2　手机端店铺首页的设计
4.3　PC 端店铺首页的设计
4.4　首页设计中需要注意的问题
4.5　专题页的设计

4.1 首页的作用

目前消费者利用手机淘宝搜索所需商品，在搜索结果页面点击感兴趣的商品，进入的是宝贝详情页。如果对这一商品的风格、品位感兴趣，会点击"店铺"选项，进入这家店铺的首页，查看此店铺的更多商品。

- 首页是一家店铺的核心，商家在首页上展示更多推荐商品，展示营销活动吸引消费者，利用分类导航引导消费者进入分类页面，浏览更多商品。
- 消费者的浏览过程就是：详情页→首页→分类页→详情页→首页……，形成一个流量的循环，消费者在这个循环里无障碍地跳转，减少了跳失率，增加了整个店铺的浏览量与成交额。
- 经过精心设计、装修的首页，充分体现了一个店铺的企业文化、品牌调性，让消费者进入店铺就感受到有个性的品牌形象与购物氛围。
- 合理的分类，井井有条、错落有致、清晰明了的首页规划，能给消费者带来良好的购物体验，就好像进入了一个规范的大商场，根据提示与导航清晰地了解店铺的结构，迅速找到自己需要的商品。
- 首页的优惠券、满减、礼品赠送等内容，可以让消费者在第一时间了解店铺的营销活动，引起消费者的兴趣，有助于提升店铺的访问深度，增加点击量与成交率。

4.2 手机端店铺首页的设计

首页作为一个店铺门面，要充分展现店铺的良好形象、品牌调性，还要起到营销与分流的作用，所以，一定要先了解品牌与商品的相关信息，然后在此基础上设计首页的风格、配色、布局等。

4.2.1 首页的风格

一个有主题、有特色、有文化内涵、风格统一的首页，通过视觉传达给消费者，消费者会更容易接受，也更容易记住。相反，如果一个首页风格凌乱不统一，东拼西凑的话，那么消费者的购物体验会很糟糕，容易离开。

下面以东方古典贵族风格的首页为例详细讲解一下（见图4-1）。

第 4 章 首页与专题页的设计

图 4-1

影响首页风格的元素主要包括三个部分，分别是配色、字体、素材，在确定了首页的风格之后，这三个元素的选择与使用就有了依据。

1）配色

- 以三只松鼠的首页为例。提起三只松鼠的名字，大家首先想到的就是"坚果"，其主营业务覆盖了坚果、肉脯、果干、膨化等全品类休闲零食。三只松鼠定位于"森林系"，倡导"慢食快活"的生活方式。所以三只松鼠的店招与主色使用了大家默认的坚果的颜色"咖色"，让人联想起松子、巴旦木、树干、木料等原始、健康、天然的内容；其辅助色为红色，鲜活靓丽，且红色一向能够使人产生更为强烈的食欲，风格鲜明，特别容易受年轻人的喜爱；还采用了少量的绿色、橙色、黄色，这些来自大自然的与食物相关的颜色；为了活跃气氛，使用了少许有质感的金色作为点缀（见图 4-2）。

181

以花西子的首页为例。它是一个以"东方彩妆，以花养妆"为理念的彩妆品牌，所以店招的颜色与主色采用了中国古典色彩中高雅的黛绿；辅助色为深胭脂色与朱砂色，让人联想起紫禁城的红色宫墙、绿色琉璃瓦；用少量有质感的金色作为点缀，烘托东方古典的高贵之美；迎合现代年轻群体的消费心理，同时传达出独具匠心的设计理念，塑造品牌形象（见图4-3）。

图4-2

图4-3

2）字体

- 三只松鼠的主要消费群体是年轻人，所以首页采用了活泼、简洁、可爱、笔画稍粗的字体，也有一部分加粗的黑体斜体（见图4-4）。

图4-4

- 花西子首页采用了中国古典刻字印刷常用的宋体，以及几种由古典宋体演变而来的新式宋体。这种字体有装饰性，古典大气，辨识度也较高，非常符合花西子带有东方古典韵味的首页定位（见图4-5）。

图4-5

3）素材

- 三只松鼠首页中用到了许多木块、木纹、原生态的植物、食材等，以及勤劳、活泼、可爱的三只小松鼠，具有极强的亲和力。
- 花西子首页中的重要素材就是黛绿色的背景，有点翡翠的感觉又有点丝绸的感觉，加上类似中国古人佩戴的冠饰，以及有质感的金色装饰，透着古典东方的华贵气息。

上述两张首页的配色、字体、素材三大元素统一、和谐，形成有各自特色的风格，给人的感觉漂亮、舒适。

4.2.2　首页的布局架构

消费者点击进入首页之后，就好像进入了一家商店，如果店铺商品布局清晰明了，消费者能够对里面的商品分类一目了然，购物体验轻松舒适，就会多做停留，长时间浏览。反之，如果进入店铺后让人眼花缭乱，找不到方向，消费者没有耐心，很快就会跳离。所以，一个清晰、科学的店铺布局很重要。

在构建店铺首页时，一般先绘制首页的模块框架，以明确各部分内容所处的位置。

例如，三只松鼠首页的框架如图4-6所示。

店铺模块的排列顺序，可以站在消费者的角度，综合消费者的浏览习惯与商品分类的重要性排列。

一般来说，目标消费人群关注度越高的商品或者分类越靠上；店铺活动、热销商品、活动商品通常放在最上面，然后按照重要性逐次向下排。

三只松鼠的第一屏，除了店招之外，展现了最新的营销模块"直播"与"淘宝群"，然后是最吸引人的"聚划算"模块，聚划算是广大淘宝用户公认的优质优惠活动，所以在第一屏重点展示（见图4-7）。

第二屏是店铺banner，一个活泼、可爱的小松鼠是深受年轻人喜爱的卡通形象。回头客每次看到都能感受到亲切、熟悉，但每次不同的场景与动作又充满了趣味性；第一次来到店铺的新客会被这个可爱的形象吸引，接着向下滑动屏幕（见图4-8）。

banner模块下面是店铺优惠券与部分优惠活动，来到店铺首页的消费者，看到这种购物优惠，会引发购物冲动，或者比预计购买量增大，提高了成交量，也提高了客单价（见图4-9）。

每家网店都有一个共识，就是"爆款"可以快速提升店铺的人气，打破店铺流量瓶颈，增加销售

店招
直播模块
淘宝群模块
聚划算模块
首页banner海报
优惠券模块
必囤爆款分类标题海报
必囤爆款产品推荐1（单列大图）
必囤爆款产品推荐2（单列大图）
必囤爆款产品推荐3（单列大图）
必囤爆款产品推荐4（单列大图）
分类导航（横向滑动多图模块）
人气尖货分类标题海报
人气尖货产品推荐（单列横图）（以下5款）
人气尖货产品推荐（双列横图）（以下22款）
口碑担当，能量守恒分类海报
口碑产品推荐（双列展示）（以下20款）
抖胃肉食分类标题海报
肉食产品推荐（双列展示）（以下22款）
国民面包分类标题海报
国民面包产品推荐（双列展示）（以下12款）
环球坚果分类标题海报
环球坚果产品推荐（双列展示）（以下20款）
锁鲜果干分类标题海报
锁鲜果干产品推荐（双列展示）（以下20款）
地域美食分类标题海报
地域美食产品推荐（双列展示）（以下8款）
轻食代餐分类标题海报
轻食代餐产品推荐（双列展示）（以下8款）
分类导航（可到达分类二级页面）

图4-6

额。因此，想要店铺做得好，首先就要打造出属于店铺的爆款。三只松鼠家当然也推出了最受消费者欢迎的"爆款"。先烘托氛围，展现"必囤爆款分类"标题海报，海报下面，是连续4张爆款产品清晰大图，充分吸引消费者的眼球（见图4-10）。

图 4-7

图 4-8

图 4-9

图 4-10

店铺重点推荐的"必囤爆款"下方,展现了二级导航。对于已经有购物目标的消费者,被动了解了"爆款"之后,可以滑动二级导航模块,进入目标商品的页面浏览(见图4-11)。

图 4-11

接下来布局的是多个商品分类展示模块,每个类别采用对应的分类标题海报间隔开。例如"人气尖货分类"标题海报,下面是连续 27 款人气尖货产品推荐,分别用单列横图与双列横图展示。"国民面包"分类标题海报下面,是面包类产品展示(见图 4-12)。

图 4-12

最底部的分类导航，让已经浏览到首页底部的消费者根据自身需要点击进入对应的二级页面。例如点击"健康代餐"按钮，将会打开新页面"健康代餐"专页，在此专页上罗列了所有的"健康代餐"类的食品（见图4-13）。

图4-13

由于首页不宜冗长，以防消费者失去耐心，所以也不适宜放置过多的产品。如果店铺的商品种类与数量较多时，建议挑选业绩优秀的商品放在首页，其他商品放在二级页面。

4.2.3　首页中各模块的设计制作

1）店招

手机端首页的顶部，也就是页头部分，展示了店铺的店招、搜索按钮、导航等内容，其布局无法更改。

装修店招时，可上传一张图片作为店招背景，此背景将自动变暗并模糊，以凸显店铺名称等文字内容，避免给文字内容造成干扰（见图4-14）。

图4-14

店招背景图片的颜色建议与店铺风格和商品风格搭配和谐统一，以帮助整个首页达到风格的和谐统一。

背景图片的尺寸为750像素×580像素，建议400KB左右，支持jpg、png格式的文件。

2）banner海报

首页中的banner海报一般占据首页的一整屏，也叫作焦点图，是首页的门面，所以非常重要。

（1）首页banner海报的作用。

在最短时间内吸引消费者，带给消费者最具冲击性的全屏清晰视界，完好地展现店铺的形象，给消费者留下深刻印象。

（2）首页banner海报的内容。

- 展示推荐商品或爆款商品：以带动活动商品的销售为目的，重点展示此商品的最大卖点与价格。点击海报图片，进入此商品的详情页（见图4-15）。
- 展示店铺活动：以宣传推广店铺营销活动为目的，烘托活动氛围，展现优惠力度或者促销方法，吸引消费者深度访问店铺。点击海报图片，进入活动页面（见图4-16）。

图4-15　　　　　　　　　图4-16

- 展现店铺形象：以宣扬企业文化，提升企业形象，打造企业品牌为目的，有时不出现商品与价格等信息。点击海报图片不跳转（见图4-17）。

> **注意**：部分店铺将banner做成轮播形式，几张不同内容的海报轮流播放，以展现更多的内容。

（3）首页banner海报的设计原则。

首页banner海报与详情页中的海报头图的版式结构、颜色搭配、元素构成、制作方法等都很类似，区别是详情页海报头图的内容更具体，一般指向某单一商品，而首页

banner 海报的内容更广泛，可以是整店促销，也可以是品牌形象宣传等。

banner 海报一般出现在首页的前三屏，重要地位不言而喻，所以设计时一定要明确目的，言之有物，具体制作时要把握四大原则：

第一，主题明确突出，做到"一眼见"，在最短的时间内让消费者看到海报主题。

第二，设计简洁直白，做到"秒懂"，在最短时间内让消费者明白店铺想要传达的信息。

第三，设计简约大气，避免过多的干扰，一切内容以烘托信息的传达为目的。

图 4-17

第四，与店铺整体搭配和谐。banner 海报是整个首页风格的集中体现，所以首页的色彩、元素、字体等一定要与首页整体搭配统一、和谐。

（4）首页 banner 海报的尺寸。

手机端首页 banner 海报的宽度一般设置为 750 像素，高度没有严格标准，如果需要全屏展示，可设置为 1000 像素～1200 像素。

3）优惠券

优惠券作为一种非常普遍并且非常受欢迎的店铺营销活动，一般展现在 banner 海报下方的重要位置，其作用主要是刺激消费，消费者往往会因为优惠券的吸引而下单或者购买超过计划的商品。

店铺优惠券的风格一般与 banner 的风格保持一致，有时甚至作为 banner 海报的延续（见图 4-18）。

图 4-18

（1）优惠券的类型。

优惠券主要有4种类型，分别是：

"现金券"，指不限制订单金额，可以直接使用的优惠券；

"满减券"，指订单金额需要满足一定的额度才可以使用；

"单品券"，指购买优惠券指定商品时可使用；

"品类券"，指购买优惠券指定类别的商品时可使用。

（2）优惠券的内容。

大部分优惠券包含三项内容，分别是优惠金额、使用方法和使用期限（见图4-19）。个别优惠券可以无限期使用，也有优惠券上设计了公司logo、二维码、商品、相关装饰等其他内容。

4）分类导航

首页是店铺的核心，但很多店铺的商品类目与商品数量繁多，不可能把所有商品都展示在首页上，所以设置分类导航，指引消费者进入对应类目的二级页面，浏览此类目的所有商品。

图4-19

分类导航的主要作用就是分流，为消费者清晰地指引浏览方位，帮助消费者的购物过程更方便快捷。

分类导航出现在三个位置，分别是首页的上部、中部、尾部。

大部分首页按照不同的分类方法，设置了多个导航模块，以满足不同消费者的不同消费需求（见图4-20）。

图4-20

（1）分类导航的设置技巧。
- 导航可以用不同的维度进行分类，例如商品属性：外套、内搭、连衣裙、长裤等。
- 以消费者的浏览习惯进行分类，例如：新品上市、热销爆款、清仓福利等。
- 分类逻辑清晰，文字清晰明了。
- 营销商品靠前放。
- 分类数量不宜过多，分类过多过细易导致浏览店铺的过程变得烦琐。

（2）分类导航的样式。

分类导航的风格与首页整体保持一致，包括色彩、字体等与首页其他元素统一标准。在风格保持和谐统一的基础上，分类导航可以设置多种样式。

- 纯文字型分类导航：用不同字体、不同大小的文字制作导航，引导消费者点击进入对应的页面（见图4-21）。

图 4-21

- 图形加文字型导航：用形象的图形加文字的方式，简洁明了地引导消费者点击（见图4-22）。

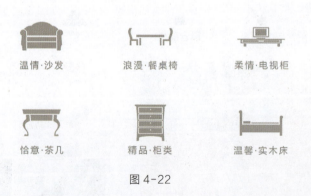

图 4-22

- 图片加文字型导航：是分类导航普遍应用的一种样式，直观、明了，能够展现店铺特色（见图4-23）。

图 4-23

5）分类标题海报

店铺中几乎每一个类目的商品都会在首页中呈现或者部分呈现，这些商品根据类目的不同分成多个区块，每个区块用分类标题间隔开，方便消费者浏览查看。这些分类标题有的直接用纯文字，有的用分类标题海报。

部分分类标题海报上展现此分类中的重点推荐商品，并添加此商品详情页的链接。

（1）分类标题海报设计原则。

同一店铺的多个分类标题海报的风格要保持一致，例如配色、布局、字体等。消费者每次看到这种海报，就明白接下来将是一个新的类别，为消费者创造清晰、明了、舒适的购物体验（见图 4-24）。

图 4-24

（2）分类标题海报的版式。

分类标题海报一般为横向结构，所以其版式常见的有三种：左图右文、左文右图和图文居中（见图4-25）。

图4-25

6）商品陈列

店铺首页中占比最大的一般就是商品陈列内容。商品陈列指以商品为主体，运用一定的艺术方法和摆放技巧，将商品按照经营思想及要求，有规律地摆设、展示，以方便消费者购买。

美观、统一的陈列帮助消费者清晰、准确地感知商品形象，增加消费者在店铺的停留时长，激发消费者的购买欲望。优秀的商品陈列能够为消费者提供舒适的购物体验，起到刺激销售、方便选购、美化购物环境的作用。

（1）商品陈列的设计原则。

- 商品清晰

商品陈列首先要让消费者看清商品、了解商品，所以陈列要醒目、突出，并清晰地展现商品的卖点。商品的卖点与优势是消费者最关心的问题，在商品陈列图中，需要用多种设计技巧帮助表达出来。

强化设计效果的方法多种多样，例如使用强烈的色彩对比；或者将商品局部放大；也可以将商品放置在简单无干扰的背景上，以凸显商品。

- 整齐统一

大部分店铺的商品陈列整齐有秩序感，例如商品摆放方向统一，商品展现部位统一，商品摆放方式统一，等等，就像走进了大型超市，整齐统一的商品陈列更方便消费者浏览，显得更丰富、更美观。

- 重点突出

重点推荐的商品陈列,例如"爆款"将靠前放,并占据较大面积,然后用装饰元素、色彩对比、留白等设计技巧将重点商品醒目地展现出来,其他商品根据推荐强度依次递减。也就是说,商品陈列不是一成不变的,越是重要的商品,所做的商品陈列图片越大,甚至一屏只放 1~2 个。次要商品靠后放,一屏可以陈列 4~8 个(见图 4-26)。

每一种类目的商品根据类目不同,商品陈列也会做统一的变化。

图 4-26

图 4-26 中的商品按规则陈列,分别是单列商品陈列与双列商品陈列,部分店铺首页的商品陈列比较有个性,可以按不规则的方式陈列。不规则的商品陈列方式多种多样,更能展现店铺的个性、年轻、时尚、与众不同的魅力(见图 4-27)。

规则的商品陈列在店铺装修时比较简单,而不规则的商品陈列比较麻烦,如果使用淘宝旺铺智能版,可采用"美颜切图"模块,任意添加热区并添加链接。

图 4-27

（2）单列商品陈列图的设计。

单列商品陈列几乎占据手机半个屏幕的面积，相当于一个小型商品海报，设计时要把握的原则也与商品头图海报类似。

首先，单列商品陈列图一定要主题突出，一般采用中心式或特写式构图，商品主体有时可以占满整个画面。banner 海报与详情头图海报都要考虑装饰与美观，而单列商品陈列图对美观的因素要考虑得少一些，更多考虑的是商品的清晰与直观（见图 4-28）。

图 4-28

其次，在同一个模块中，商品陈列图的版式、配色、标题、价格、引导按钮统一规范，整体更有秩序感。科学研究表明，无论是电商店铺，还是线下门店，有秩序感、井然有序的商品陈列更能引起消费者的购买欲。所以图片中的相同元素不可以随意设计，在同一模块中，要保持统一规范（见图 4-29）。

（3）双列商品陈列图的设计。

双列商品陈列图相对较小，所以更要将商品放大，商品主体占整体图片的面积可以更大些。其他要求与单列商品陈列图一样，风格与配色、字体、标签等元素要保持统一（见图 4-30）。

第 4 章　首页与专题页的设计

图 4-29

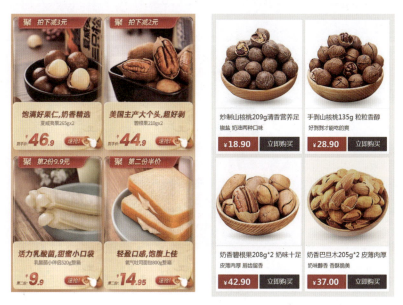

图 4-30

大部分双列商品陈列图直接使用商品主图，注意主图上添加店铺 logo，标题与价格等文字信息在店铺装修的后台单独输入，图片上可以不呈现（见图 4-31）。

图 4-31

（4）不规则商品陈列图的设计。

不规则商品陈列图需要将多个商品图片排版设计，制作成为一张整体艺术图片，在之后的装修过程中再切片使用。或者整张上传之后，在"美颜切图"中添加热区，给每个商品图片添加链接。

不规则商品陈列图每张小图片大小不一，但其商品标题、价格样式、按钮等元素必须保持统一，否则本来就不规则的排版会显得杂乱（见图 4-32）。

图 4-32

4.3 PC 端店铺首页的设计

目前 PC 端店铺首页的访问人数逐渐减少，店铺流量绝大多数以手机端为主。所以越来越多的店铺将重心放在手机端，PC 端的首页做得比较简单。

PC 端店铺首页因其屏幕较大，画面更有冲击力，可以表达更多细节，所以在传递品牌形象、展示店铺商品方面更有优势（见图 4-33）。

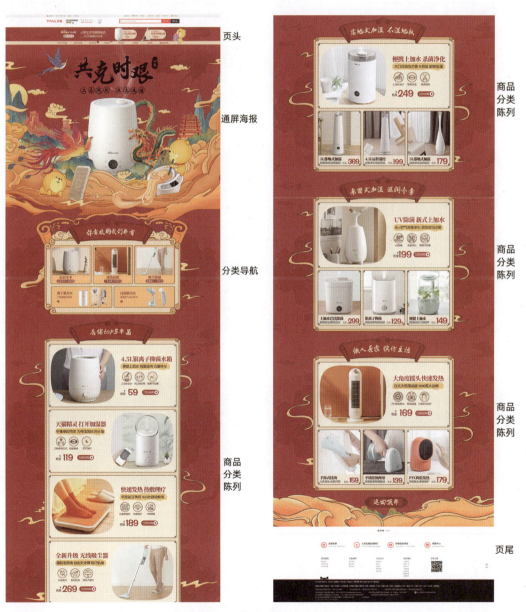

图 4-33

4.3.1　PC 端店铺首页的框架

PC 端首页分为页头、页身、页尾三部分内容。页头部分一般包括店铺的 logo、店招和导航、优惠券、搜索、收藏、关注等。页身部分一般包括通屏海报、优惠券、二级导航、商品分类海报与商品分类展示等。页尾部分一般由返回顶部、二级导航、联系客服、品牌宣传、搜索、收藏、关注店铺以及店铺活动等几部分组成。

与手机端首页设计一样，在设计 PC 端店铺首页之前，需要先搭建首页的框架（见图 4-34）。

图 4-34

在淘宝后台的 PC 端装修页面→"布局管理"中，设置首页布局（见图 4-35）。然后回到"页面编辑"页面，在设计好的布局中填入内容。

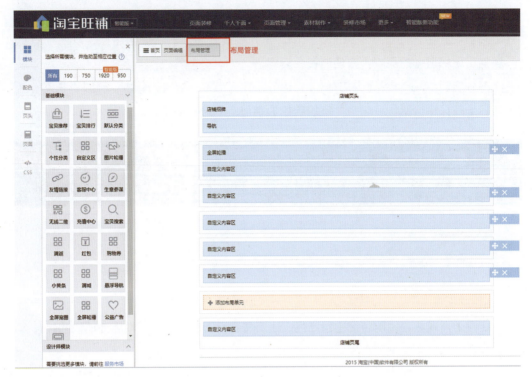

图 4-35

4.3.2 PC 端各模块的设计

首页的模块布局受店铺商品特点的限制，其规划会有很大不同，具有非常鲜明的店铺特色。

1）店招与导航

店招即店铺的招牌，主要展现店铺的名称、店标、主营商品、推荐商品等，并添加了收藏、关注、优惠券、搜索框等内容。店招与导航在店铺首页与详情页都会出现，所有进入店铺的消费者都能看到相关的店铺信息。店招作为免费的广告载体，是促销和宣传的重要地盘（见图 4-36）。

图 4-36

（1）店招的内容。

- 店招出现在店铺的每一个页面，所以，首先要展现店铺的名称与店标，以便于消费者甄别、记忆自家的品牌，方便消费者复购。

大部分店铺将 logo 设置为店标，logo 可以理解为一个店铺的标志，例如"三只松鼠"家的店标是三只小松鼠，"李宁"家的店标为字母 L（见图 4-37）。

图 4-37

- 在店招上展现或者说明店铺主营商品，让消费者马上就能明白，本店铺销售的是什么，以及最近有什么主推款商品。
- 店招可以辅助宣传营销，本店铺的营销优势在店招中展现出来，给消费者一个选择我们的理由。例如图 4-36 中的"2020 天猫战略合作品牌"文案；图 4-37 中的"连续七年全网坚果零食销量第 1"。
- 为方便消费者复购，可添加"关注""收藏"模块，以及方便消费者购物的"本店搜索"模块。
- 部分店铺在店招上展现优惠券或者其他优惠活动，吸引消费者的眼球（见图 4-38）。

图 4-38

- 部分店铺由于拥有较高的知名度和足够的影响力，较少有营销活动。或者将营销活动放在页面中间，不在店招中展现。

（2）店招与导航的尺寸。

- 淘宝平台：店招宽度为 950 像素，建议高度不超过 120 像素；导航的宽度为 950 像素，高度为 30 像素。
- 天猫平台：店招宽度为 990 像素，建议高度不超过 120 像素；导航的宽度为 990 像素，高度为 30 像素。

（3）店招与导航的风格。

大部分店招和导航的设计风格，与首页的整体风格保持统一和谐，并且随着首页的更新而随时更新；部分店招与导航常年保持不变，有特定的风格与内容。例如图 4-37 与图 4-39 中的品牌。

COACH

| 首页 | 当季新品 | 所有商品 | 经典手袋 | 女士 | 男士 | 配饰 |

图 4-39

> **注意**：如果想设计像图 4-37 中三只松鼠家的与店铺整体风格匹配的自定义导航样式，需要将店招模块高度设计为 150 像素，这样系统自带的导航会被店招覆盖，就实现了自行设计店铺导航的效果。

2）全屏海报

（1）海报的作用。

店铺首页店招导航下方的，通常是全屏海报。顾名思义，全屏海报的篇幅巨大，横向占满上半部分屏幕甚至一整个屏幕，带给消费者极具冲击力的震撼感，全屏清晰广阔的视野，让重要的店铺信息扑面而来，一见难忘。

在 PC 端，店铺前三屏的重要性与手机端是相同的，所以，重要的内容靠前放，而第一屏的全屏海报是重中之重。

全屏海报的作用与手机端首页 banner 海报的作用相同，即展示活动、推广单品、提升品牌形象。

（2）海报的尺寸。

- 普通淘宝店铺海报的宽度为 950 像素，天猫店铺海报的宽度为 990 像素。
- 全屏海报的宽度为 1920 像素。
- 旺铺智能版轮播海报可以设置为全屏，即 1920 像素 ×540 像素。
- 海报的高度在 400 像素至 1300 像素之间，如果与下方的优惠券等模块相连续的话，可以更高。

（3）海报的风格。

随着电商行业的不断发展，电商设计的水平也逐年提高，消费者的审美也在提高，很多商家开始走品牌路线，注重品质品牌调性，制定专属于自己品牌形象的设计风格。于是电商设计行业出现了百家争鸣、百花齐放、各有千秋的繁荣景象。

根据目前各大电商行业的店铺风格，共分了以下几大类。

- 简约风

　　随着"断、舍、离"文化的流行，2020年继续流行极简风设计，其代表公司有苹果、小米、三星等。这类海报的特点是越发扁平化、简约化，信息和产品重点突出，品牌质感加强（见图4-40、图4-41）。消费者在这个信息爆炸、时间碎片化的时代，长期视觉疲劳，减少影响产品本身展示的杂乱装饰元素，视觉效果更好。

图 4-40

图 4-41

- 炫酷的渐变风

　　越来越多的海报使用渐变背景或者渐变元素设计海报，既能从平面的单调中脱颖而出，又能创造属于自己的渐变风格（见图4-42、图4-43）。

图 4-42

图 4-43

- 光影艺术风

简洁而有质感的产品主体，通过光与影、明与暗的强烈对比方式，进行视觉穿插，加强海报画面的形式感，是当下追求时尚艺术的年轻人比较喜欢的风格（见图4-44、图4-45）。

图 4-44

图 4-45

- 手绘、插画、水彩等原创风

在这个追求个性的时代，合成海报囿于素材的限制，较难做到独一无二，手绘、插画、水彩画等原创风的作品在电商设计中开始大放异彩。许多优秀的店铺都采用了这些独特的原创设计风格，使消费者在浏览店铺时因耳目一新而留下深刻印象。

原创风格的海报要求设计师具备手绘或者鼠绘基本功，并发挥设计师无穷的想象力与创新精神，创造出符合店铺特性、同时又表现自己的独特风格（见图 4-46、图 4-47）。

图 4-46

图 4-47

- 合成海报风

电商设计中，利用 PS 软件将多个素材合成的产品海报经久不衰，利用 PS 特效能够创造令人震撼的视觉效果。

目前这种合成海报仍然应用于美妆、食品、母婴等大型类目，运用各种 PS 技术渲染氛围，烘托产品（见图 4-48、图 4-49）。

图 4-48

图 4-49

- C4D 三维立体风

人们看腻了二维的平面风格，从三年前 C4D 三维立体风格开始崛起，目前仍呈上升趋势。C4D 软件建模可以实现 PS 修图达不到的效果，广泛应用于美妆、电器、3C 类目的海报设计中，其缺点是耗时太长（见图 4-50、图 4-51）。

图 4-50

图 4-51

- 动态风

当下刚刚出现的 3D 形态加动态效果的店铺海报形式吸引了不少消费者的眼球,它是电商设计走向高端化、复杂化的一种方向,需要较多的人力与时间,由团队合作完成,适合大型店铺的营销活动。相信未来的电商设计方向也将如此,走向动态化、视频化(见图 4-52、图 4-53)。

图 4-52

图 4-53

- 新中国风

以花西子为代表的新中国风火遍了整个电商行业,东方古典的贵气与传统文化的厚重相结合,适用于各种类目的营销活动。具有中国古典特色的装饰性元素现已成为设计行业的热搜词汇,多个类目都曾尝试新中国风的海报与首页装修(见图 4-54、图 4-55)。

图 4-54

图 4-55

- 时尚艺术混搭风

设计师前辈们创造了孟菲斯风格、波普艺术、故障风、杂志风等多种多样的艺术风格，电商设计中有不少作品将这些风格混合搭配，展现在同一个作品中，创造出一种新的时尚艺术混搭风格（见图4-56、图4-57）。

图4-56

图4-57

3）优惠券

由于电脑屏幕横向显示，所以PC端的优惠券普遍为多个横向排列，而手机端横向最多放置两个（见图4-58、图4-59）。

图4-58

第 4 章 首页与专题页的设计

图 4-59

4）二级导航

PC 端的二级导航样式与移动端的类似，分文字型、图标加文字型和图片加文字型三种。PC 端二级导航的尺寸更大一些，内容也更多一些（见图 4-60、图 4-61）。

图 4-60

图 4-61

209

5)商品陈列

由于 PC 端宽大的屏幕,能够为消费者带来广阔的视角与巨大的视觉冲击力,尺寸较大的画面可以添加许多烘托氛围的小细节,所以 PC 端的商品陈列可以做得更美观、更耐看(见图 4-62、图 4-63)。

图 4-62

图 4-63

6）页尾

PC 端首页的页尾与页头都会全店显示，即出现在店铺的首页、详情页等每一个页面。所以页尾是一个重要位置，可以放置许多内容，例如品牌宣传、分类导航、返回顶部、营销活动、保证与承诺、客服、收藏、关注、搜索、店铺二维码等，以帮助消费者继续浏览店铺，安抚消费者安心下单，方便消费者以后回购，并对店铺形象加深记忆（见图 4-64）。

图 4-64

4.4 首页设计中需要注意的问题

无论是设计手机端首页，还是设计 PC 端首页，都要遵循为了展示店铺商品、展现店铺品牌形象而设计的原则，而不是为了设计而设计。一切都要以销售为导向，以服务销售为核心。除此之外，还要注意色彩、字体、素材、留白等设计技巧的应用（见图 4-65）。

（1）色彩：设计制作首页时，要注意色彩搭配比例，即"70% 主色 +25% 辅助色 +5% 点缀色"，作品中的主要色彩不要超过 3 种。建议使用同一色相的深浅变化作为主要颜色，尽量不要使用凌乱冲突的配色。

（2）字体：首先要注意字体的版权问题；其次要注意字体的辨识度，尽量简洁清晰；第三在首页中出现的字体尽量统一格式，每一层级的标题制定统一的格式。

（3）素材：首先素材是为帮助主题表达而使用的，所有影响主题表达的素材都是不必要的，素材与装饰并不是越多越好。其次素材的风格要与首页的风格、商品的风格保持一致，和谐搭配。有些素材很漂亮，但并不适用于所有的页面。

（4）间隔与留白：首页中展现的各个模块之间，商品与商品之间都需要留出空白，或者做出间隔。禁止密集的堆砌，要留出呼吸的空间，要让消费者明了首页的布局规划，模块之间、商品之间要间隔开。间隔可以用空白，也可以用图形或文字。

图 4-65

4.5 专题页的设计

专题页的种类较多，大致有节日活动页、店铺活动页、新品页、VIP 会员页、品牌文化页等，每一种页面都有特定的主题，围绕这一主题设置对应的内容。

4.5.1 节日活动页

这类页面最常见，电商的一大特色就是抓住任何一个可利用的节日作为营销手段，情人节、女神节、母亲节、劳动节、端午节、国庆节、元旦、新年等，每个节日都有对应的营销策略，并设置了对应的专题页。

节日活动页以展示营销活动为主要内容，例如优惠方式、优惠力度与活动商品。以"3.8节"为例，参加这个节日活动的店铺，在页头部分显示此选项，单击进入活动页面。图4-66是飞科"3.8节"活动专题页面，节日专题页面的一大特点就是营造节日氛围，推出营销活动。

- 页头部分用明黄色突出显示了"3.8节"选项，下方是可以左右划动的多图模块，展示了一些口碑商品、人气商品等，用鲜艳的玫红色文字框突出商品标题，吸引消费者点击，烘托营销氛围。

- 优惠券是一种最受消费者青睐的营销形式，设计只用一个简洁的渐变框背景，添加笔画粗细有对比的文字，简洁大方并突出了营销内容。

- 海报采用了与"3.8"这个节日相匹配的女性化的粉红色为主色调，主标题"浪漫女神，宛如初见"文字清晰，吸引目标人群，整体色彩有对比，明暗有对比，并添加了花朵、花瓣等唯美元素作为装饰，画面简洁而内容丰富。海报中陈列的四款重点推荐商品，是店铺中主要类目的爆款商品，在推荐单品的同时又表明了店铺商品的几大重点类目。

- "女神推荐"模块展示了多个推荐商品，每件商品的背景、摆放形式、排版样式相同，形成清晰而有秩序感的商品陈列架，视觉清爽有助于消费者看清楚商品，更快地找到心仪的商品。商品左上角标注玫红色"天猫3.8节"图案，右下角玫红色加粗的数字价格清晰醒目，强调节日促销力度，帮助营造浓烈的营销氛围。

图 4-66

4.5.2 店铺活动页

每家店铺都会根据经营需要开展定期或不定期的营销活动，营销活动可以在首页展示，也可以单独形成活动页面。

店铺活动页面与节日活动页面有所不同，它主要展示店铺的多种营销活动，例如优惠券、今日超值、金币抵钱、搭配组合优惠、清仓特价等（见图4-67）。

长期关注店铺的老客户，会在店铺活动页发布新内容的时候，访问和购买符合自己要求的优惠商品；新客户也可以进入专门的"活动"页面浏览营销内容，购买做活动的优惠商品。

活动页面的结构简单，布局清晰。营销内容一般采用红色、玫红色、橙红色等醒目的促销色来表现，引起消费者注意，促进消费者下单购买。

图 4-67

4.5.3 新品页

当店铺有新品上架时，可以在"新品"页展示（见图4-68）。

- 新品页中一般分模块展示不同的推荐新品。最上方用单列大图展示主推新品，并说明推荐理由。
- 流行趋势可以展示当下的热销商品。
- 系列新品模块中，可将店铺中的新品划分成多个不同的系列，按系列展示。每个系列设置标题海报，作为不同系列之间的划分间隔。
- 在新品日历模块中，新品按照上新品的日期分别展示。

4.5.4 会员页

为维护老客户，发展新客户，专门设置了会员页。会员页展示了会员的优越性，刺激老客户消费，提升新客户与店铺的黏度。

- 会员页设置了针对会员的不同优惠与特权，例如会员优惠券、会员积分兑换等，还可以设置加入淘宝群的链接，增进消费者与店铺的亲密关系（见图4-69）。

图 4-68

- 例如图 4-69 lily 官方旗舰店的会员页，上部分展示了会员卡普卡。如果达到特定条件，可升级为银卡、金卡，体现等级身份的尊贵性。消费者会下意识地产生上升一个级别的愿望，希望享受更多免费礼品与更大的优惠力度。
- 在积分享兑模块中，展示当前积分，如果达到指定分数即可兑换成代金券，购物时直接使用。

4.5.5 品牌文化页

展示品牌文化可以提升消费者对店铺的信任度，提升店铺形象，提高品牌价值，让顾客认为值得购买，可以放心购买，以达到提高转化率的目的。

品牌文化页一般展示企业理念、发展历史、公司荣誉、品牌愿景等，并且在页尾设置返回首页的链接（见图 4-70）。

图 4-69

图 4-70

第 4 章实战（1）

新建尺寸为 1920 像素 ×900 像素，分辨率为 72dpi 的文件，使用提供的素材，制作 PC 端首页 banner 图（见图 4-71、视频 4-1）。

第 4 章实战（2）

新建尺寸为 750 像素 ×1000 像素，分辨率为 72dpi 的文件，将 PC 端首页 banner 图修改为手机端（见图 4-72、视频 4-2）。

图 4-71　　　　　　　　　　　　　　　　图 4-72

第 4 章实战（3）

新建尺寸为 1920 像素 ×900 像素，分辨率为 72dpi 的文件，使用提供的素材，制作 PC 端母亲节首页 banner 图（见图 4-73、视频 4-3）。

第 4 章实战（4）

新建尺寸为 750 像素 ×1000 像素，分辨率为 72dpi 的文件，将 PC 端母亲节首页 banner 图修改为手机端（见图 4-74、视频 4-4）。

第 4 章实战（5）

新建尺寸为 1200 像素 ×800 像素，分辨率为 72dpi 的文件，制作古风优惠券（PC 端 + 手机端）（见图 4-75、视频 4-5）。

第 4 章实战（6）

新建尺寸为 750 像素 ×5000 像素，分辨率为 72dpi 的文件，制作手机端首页（见图 4-76、视频 4-6）。

视频 4-1　　视频 4-2　　视频 4-3　　视频 4-4　　视频 4-5　　视频 4-6

图 4-73

图 4-74

图 4-75

图 4-76

第 5 章

旺铺智能版网店装修

5.1 手机端装修
5.2 PC 端装修
5.3 图片空间的应用
5.4 分流首页

淘宝旺铺是所有淘宝卖家的必备工具，从 2007 年到 2020 年，旺铺也在不断成长，后台界面与功能不断迭代更新，越来越强大，也越来越完善。

目前旺铺有旺铺专业版和旺铺智能版两个版本，其中的旺铺智能版顺应手机端的展现需求，新增了许多基于大数据的智能工具，在个性化展现方面有了很大进步。

旺铺装修分为手机端与 PC 端，以旺铺智能版为例，装修导图分解如下（见图 5-1）。

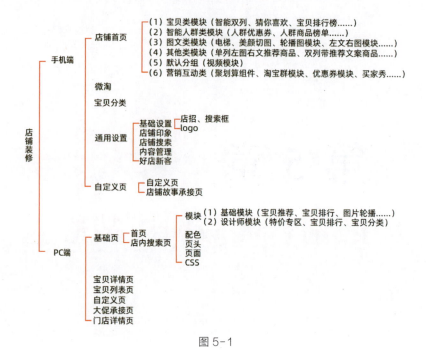

图 5-1

5.1 手机端装修

旺铺智能版手机端装修操作步骤较之前的版本越来越简化，而功能却越来越强大，其装修可以使用模板"一键装修"，也可以全部手动添加模块进行装修。其过程大致如下。

（1）单击淘宝页面的"千牛卖家中心"→"店铺管理"→"手机淘宝店铺"，即可打开旺铺装修"手机端"页面（见图 5-2）。

（2）在打开的页面中单击"手淘首页"→"一键装修首页"选项，即可打开"选择模板"窗口，选择官方模板中某一模板样式，或者在模板市场选购合适的模板样式（见图 5-3）。

（3）单击"确定"按钮，进入手机端装修页面。模板中的每一个模块都可以更换图片内容，添加文字与链接，也可以任意删除模块，增加模块（见图 5-4）。

> **注意事项**：一键生成智能页面后，需要设置为首页才能生效。

如果在步骤（2）中选择"装修页面"按钮进行手动装修，将会打开空白装修页面（见图5-5），单击某一模块，即可在右侧完善内容。装修框中的模块也可以随意添加与删除。

选择左侧的某一模块向右拖动进入中间的装修框内，即可添加此模块；在中间的装修框内单击某一模块，即可删除或编辑此模块。

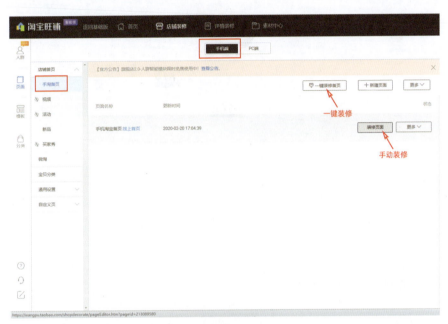

图 5-2

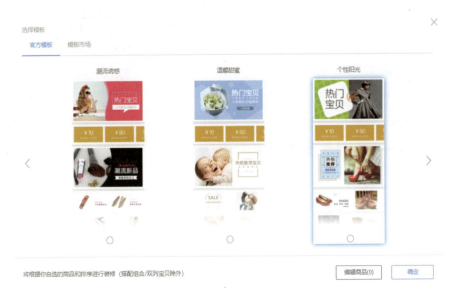

图 5-3

图 5-4

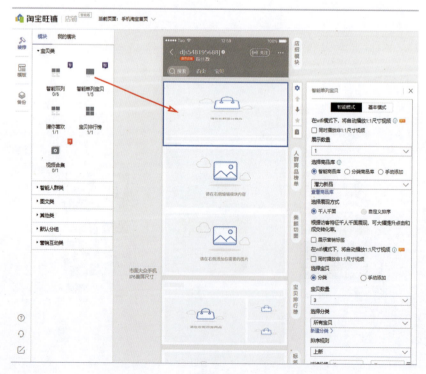

图 5-5

5.1.1 店铺首页模块介绍

每家店铺都会根据自己的特点，选择合适的模块装修到店铺的手机端，每一模块都有不同的特点与作用。根据淘宝官方的分类，可分为宝贝类、智能人群类、图文类、其他类、默认分组和营销互动类六个类别的模块（见图5-6）。

这些模块通过拖动可添加进装修框，部分模块可以重复添加。例如智能双列模块最多能添加6个，智能单列宝贝模块最多能添加5个。

1）宝贝类

- 智能双列与智能单列宝贝：智能单双列宝贝是基于阿里大数据提供的智能算法模块，系统会根据每个访问店铺的消费者特征，推荐最有可能被购买的商品宝贝，有效提升店铺的成交转化。

智能单列宝贝可以一排显示一张商品图片（见图5-7），智能双列宝贝可以一排显示两张商品图片，但是要求两张图片高度必须完全一致，支持jpg、png文件类型。

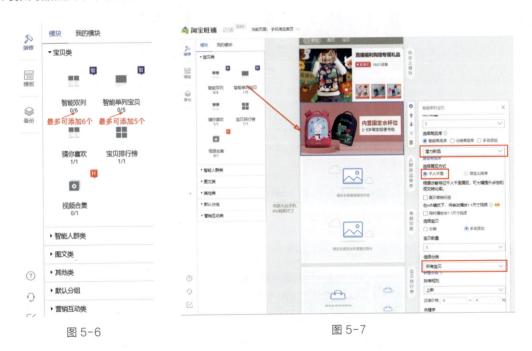

图5-6　　　　　　　　　　　图5-7

在"选择商品库"选项下，可以选择"潜力新品""热销爆款""当季热卖"三种类型的宝贝商品之一。

如果选用"千人千面"功能，系统即可根据顾客的不同特征和需求，在店铺内为每位顾客提供个性化的宝贝展示。

- 猜你喜欢：从左侧拖动该模块到中间的装修框内，该模块宝贝由系统根据算法自动展现，即根据消费者的喜好自动展示推荐的商品，无须编辑。

- 宝贝排行榜：将此模块拖动到装修框内；在右侧编辑，即可展示店铺前三个热销宝贝排行或者收藏排行。

可以设置展示整店的热销宝贝，也可以设置展示某个类目的热销宝贝，快速引导消费者购买店铺爆款。使用"鹿班智能作图"可以自动生成排行榜样式（见图5-8）。

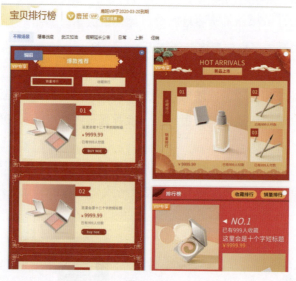

图 5-8

- 视频合辑：该模块要求店铺有三个及三个以上头图视频的商品，选择相关商品进行组合成为视频合集，合集形式有利于使消费者浏览视频时能更连贯，提升店铺整体的用户停留时长。

在宝贝类模块中，将视频合集模块拖入页面中，每张页面最多可使用2个视频合集模块。拖入后，单击"添加宝贝视频"（见图5-9）。

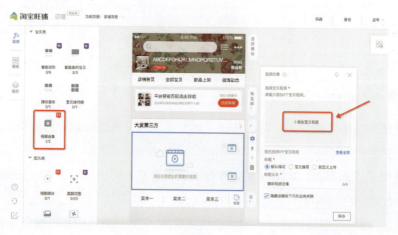

图 5-9

单击后，出现选择界面，在界面中选择已有视频的宝贝，如果店铺中没有包含视频的宝贝，可以先在多媒体中心上传视频。每个视频合集模块，最少选择 2 个宝贝视频，最多可选择 30 个宝贝视频。

2）智能人群类

随着流量增速红利逐渐减少，店铺已从流量运营逐步转变为用户运营。这要求店铺在有限的时间、有限的页面中对消费者进行精准的权益投放、货品推进与卖点传达，从而快速达成点击、加购、转化。

智能人群类模块综合了人群购物偏好，针对不同的人群，快捷设置定向优惠权益，有助于提升各个人群的运营效率。

智能人群类包含 5 个模块：人群优惠券、人群商品榜单、人群货架、人群海报模块和人群宝贝橱窗（见图 5-10）。

智能人群分为三种，分别是新客、老客、会员。店铺新客是指在 1 年内在店铺没有成交的用户；店铺老客指在 1 年内在店铺至少有 1 笔成交的用户；店铺会员是指主动加入店铺会员体系的用户（见图 5-11）。

图 5-10　　　　　　　　　　　　　　图 5-11

- 人群优惠券：对店铺新客、老客和会员进行店铺优惠券的快捷分层投放，不同的人群有不同的优惠力度（优惠券需事先在运营中心创建设置完善，才可在此模块调用）。

拖动"人群优惠券"模块到中间的装修框内，分别设置新客、老客、会员的优惠券（见图 5-12）。

"智能人群类"模块设置完成后，在新客、老客、会员的手机端将有不同的展现（见图 5-13）。

图 5-12

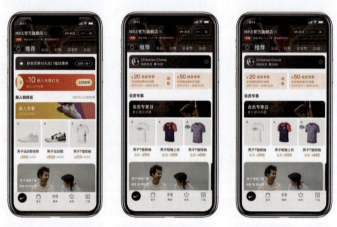

图 5-13

3）图文类

图文类模块中的内容是店铺装修过程中的基础内容，目前包含 19 个模块，数量最多，功能也很丰富。具体包含的模块有：电梯、美颜切图、微淘精选、镇店必买、定向模块、单列图片模块、双列图片模块、智能海报、新老客模块、轮播图模块、自定义模块、多图模块、左文右图模块、标签图、辅助线模块、标题模块、文本模块、动图模块、镇店必买视频。

- 电梯：电梯模块可在手机浏览过程中，快速定位到商家设置的首页分类场景，提升消费者的浏览效率。

拖动电梯模块到装修框，在右侧设置电梯样式，可以是纯文字，也可以是图片加文字（见图 5-14）。设置完毕后，在手机端的展现如图 5-15 所示。

第 5 章 旺铺智能版网店装修

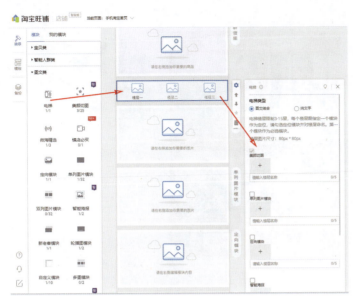 

图 5-14　　　　　　　　　　　　　　　图 5-15

- 美颜切图

美颜切图是旺铺智能版的又一新功能。之前其他旺铺版本若想在装修无线首页时设计一些不规则的艺术效果，只能用自定义模块，单个切好图上传到图片空间，再从图片空间选择后装修到首页，比较麻烦。

现在可以使用"美颜切图"模块，直接上传未切片的大图，随意添加热区、添加链接即可（见图 5-16）。也可以选择多个单独产品图片，选择模板，"鹿班智能作图"自动生成个性化组合美图，每个单独产品自动形成热区，可以单独添加链接（见图 5-17）。

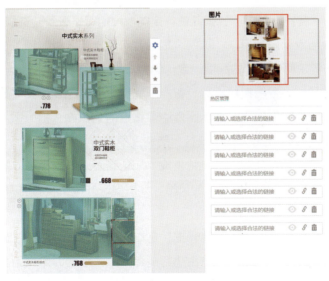

图 5-16

227

图 5-17

- 微淘精选：选择自己发布的优质微淘内容或者采买的 V 任务内容，将内容视频在微淘精选模块提交后，用户点击内容视频，将进入内容详情页，引导用户在浏览内容时产生购买成交。一次最多只可添加一条微淘内容。
- 镇店必买：此模块装修的视频内容可以快速曝光店铺宝贝，提升店铺点击率。添加该模块后，可直接选择视频进行添加，也可创建新视频。在编辑框内添加适合推广的标题，并选择或者上传合适的封面图。
- 定向模块：在此模块可以设置多个策略，针对不同的人群设置不同的定向海报，从而达到最佳展示效果。

  此模块需前往"客户运营中心"页面进行定向海报的策略设置，选择特定的人群。
- 单列图片模块与双列图片模块：这两个模块都可以上传图片，添加文本，添加链接。双列图片模块要求两张图片的高度一致（见图 5-18）。
- 智能海报：这是一个智能模块，其"智能"优势分别有三种，第一是可以根据全网数据智能分析，为不同进店买家展示图库中最适合的焦点图，提升图片点击率。第二是系统为商家提供近 200 个免抠图模板，商家只要选择模板、输入文案、选定商品池后就能快速地生成图片，最多一次支持生成 1000 张图，效率极高。第三是支持自定义上传模板，满足不同装修调性卖家的风格，让海报既好看又有店铺的个性。

  智能海报快速装修步骤如下。

  将智能海报模块拖动进入中间的装修框，在右侧的编辑框内单击"添加图片"，在打开的页面中选择某一图库，单击"一键生成智能海报"，系统即可开始自动智能选品，快速生成针对不同买家的海报（见图 5-19）。

图 5-18

图 5-19

智能海报手动装修步骤如下。

①单击图 5-19 中右上角的"+添加图库"选项，打开"客户运营平台"的模板列表（见图 5-20）。

②选择模板，编辑文案，单击"下一步"按钮。如要使用自定义的模板，可单击右边的"上传与管理模板"，之后选择合适的模板。

③在自动导入的商品池中选择商品，生成素材。

④将模板与商品素材合成海报图片。

- 新老客模块：此模块支持商家在一个图片模块中上传两张不同的图片和链接，对于新客户（180天内没有在店铺产生购买的买家）展现新客户图片和链接，对于老客户（180天内有在店铺产生购买的买家）展现老客户图片和链接。
- 轮播图模块：该模块支持商家上传至少一张图，最多4张图，同时要求上传图片的高度必须一致，上传的图片在手机端展现时将轮流播放。
- 自定义模块：该模块分"通用模式"与"人群模式"（见图5-21）。

图 5-20

图 5-21

通用模式下，可对页面进行自由布局，但所添加的图片尺寸需要和单元格的尺寸对应（见图5-22）。

第 5 章 旺铺智能版网店装修

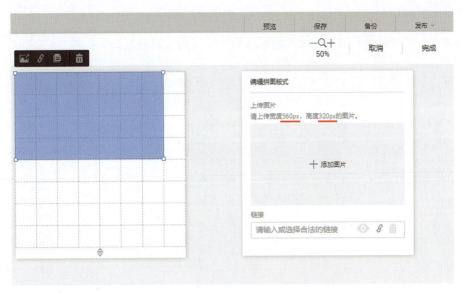

图 5-22

在"人群模式",可选择投放人群,有针对性地展现页面内容(见图 5-23)。

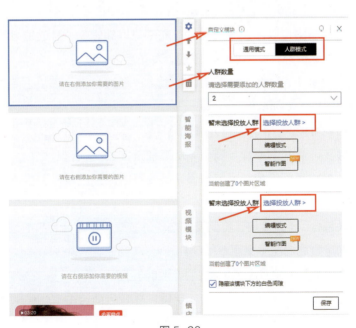

图 5-23

投放人群可以自定义,也可以由"系统推荐"(见图 5-24)。

- 多图模块:此模块支持商家上传至少 3 张图,最多 6 张图,在手机端横向不完全展示,消费者可通过左右滑动浏览图片。
- 左文右图模块:支持添加尺寸为 608 像素 × 160 像素的图片,或者在后台裁剪成合适尺寸,并支持在左侧添加文案。本模块可添加链接。

231

- 标签图：智能版标签图模块可以帮助卖家实现在一个模块中，对多个宝贝进行搭配展现销售，尤其对于有模特的图片展现效果更加突出（见图5-25）。

图5-24　　　　　　　　　　　　　　图5-25

操作时先将此模块拖动进入装修框，然后在右侧的编辑栏添加图片、添加标签、添加链接。

一个标签图模块最多可以添加3个标签，商家可以编辑每个标签的名称。标签的价格会展现对应宝贝的实际价格，编辑后台不展现，发布后才会展现。

- 辅助线模块：此模块是一条虚线，可以形成上一模块与下一模块之间的间隔。直接拖动进入装修框即可，无须编辑。
- 标题模块：最多可输入20个字符并添加链接。
- 文本模块：最多可输入100个字符，不能添加链接。
- 动图模块：此模块是旺铺智能版特有模块，闪烁的动图比较吸引眼球，能够提升店铺首页焦点图的点击率。

目前动图模块包含14套模块，将此模块拖动进装修框中之后，只需选择模板，添加图片、编辑文案，即可生成动图（见图5-26）。

也支持上传利用第三方软件制作的动图并添加链接。

- 镇店必买视频：此模块可快速曝光店铺宝贝，提升店铺点击率。要求视频时长在3分钟之内，长宽比9:16或者16:9，清晰度720P以上。

上传视频素材之后，设置视频标题→设置视频封面→选择视频分类→上传视频，进入"淘宝短视频"编辑页面（见图5-27），为视频添加边看边买互动商品，添加互动权益，之后扫码预览。之后单击"发布"按钮，视频进入等待审核状态。

视频审核通过后，即可自动流转到搜索及前台各导购场景。

"倒计时宝箱"玩法可设置优惠券，并对优惠券设定起止日期，然后设定倒计时长，即可展现此优惠券的限时应用。

"答题互动"玩法可自行编辑互动的问题和奖励，与消费者做互动游戏。

图 5-26

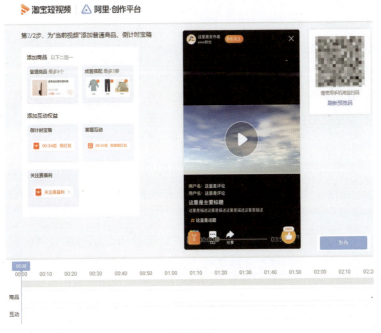

图 5-27

4）其他类

- 单列左图右文推荐商品：此模块直接添加参加活动的商品，并且需要输入推荐文案（见图 5-28）。

图 5-28

- 双列带推荐文案商品：与单列左图右文推荐商品模块类似，但横向两列排版（见图5-29）。
- 留边轮播图：顾名思义，建议宽度为674像素，高度为360像素，图片左右留了边距，可以左右滑动。最多支持上传6张图片轮流播放，要求所有图片高度必须一致。

图 5-29

5）默认分组

- 视频模块：支持上传视频，并可在视频中增加边看边买、价格标签、优惠券、红包、抽奖等互动内容，引导消费者在观看视频当中购买商品。视频长度要求在2分钟之内。

6）营销互动类

聚划算组件：报名聚划算且审核通过的商家，可使用此插件在店铺内展示参加聚划算的商品，并且可以选择一个最搭配店铺风格的颜色（见图5-30）。

图 5-30

● 淘宝群模块：此模块一般装修在店招的下方，显示的群由平台根据群的优质程度等智能匹配，并且该模块仅对符合入群条件的消费者可见，其他人不可见（见图5-31）。

图5-31

● 倒计时模块：之前为了烘托活动氛围，促使消费者尽快购买活动商品，店铺会展示活动开始和结束倒计时，需要设计师每隔一段时间手动替换海报，现在应用这一模块，可实现自动倒计时（见图5-32）。

图5-32

● 优惠券模块：在运营中心创建了优惠券，才可以在此模块中展现。"自动添加"的优惠券为默认样式，"手动添加"的优惠券可单击"＋添加样式"按钮，然后使用鹿班智能作图生成美观的优惠券样式（见图5-33）。

235

图 5-33

- 天猫农场：此模块要求商家必须是"天猫农场"的合作伙伴。此模块只需拖动进装修框即可，不需要编辑，算法会自动处理。
- 电话模块：纯文字模块，可输入店铺电话号码，让消费者快速联系到您。
- 会员卡模块：该模块只适用于设置过店铺会员卡的商家。设置后，消费者可以通过模块看到自己在店铺的会员 vip 等级和积分。
- 买家秀：买家秀模块能把优质的评价直接展示到手机淘宝首页上，聚合了全店互动内容的精华，展示的内容都是商家自主筛选的，进一步吸引消费者，加深印象，有效帮助提升成交转化。

拖动此模块到装修框中，并提前在买家秀后台配置数据，将至少 3 条数据"设为优质"，点击发布，即可在前台自动展现买家秀内容。

买家秀的装修位置有两处：①店铺首页模块，②店铺装修"手机端"页面（见图 5-34、图 5-35）。

以上装修对应的展现位置有两处：①店铺首页模块，②店铺首页 tab（见图 5-36）。

图 5-34

第 5 章 旺铺智能版网店装修

图 5-35

图 5-36

- 手淘首页买家秀 tab 是新版店铺中开辟给到商家专门运营买家秀内容的独立阵地。商家可通过精选店铺买家秀内容并装修进买家秀 tab，用客观、中立、真实的买家使用体验内容给用户更多的购买决策参考，从而获得转化。
- 买家秀内容由来：

  在买家秀后台，商家在"素材库"进行"加精"操作的内容会自动同步到店铺买家秀中；整个店铺至少加进 10 条买家秀同步到店铺买家秀里面，方能把店铺买家秀显示在店铺私域渠道里。
- 买家秀内容的管理：

  进入店铺买家秀的管理后台，千牛后台→自运营中心→洋淘买家秀，进入管理页面。

  在买家秀列表中，单击其右侧的"设为优质"选项，即可将此条信息置顶在最上面，优先展现；单击"移除"选项，会从店铺买家秀中移除，但不影响评价的状态（失误操作

237

可以恢复）。

- 买家秀还可以转发到"微淘"，在"微淘"页面展现。当店铺买家秀设为优质内容≥5条，且总的内容数大于10条时，则店铺买家秀会自动在"群聊"与"评价成功页"显示。
- 淘抢购：与"聚划算"模块类似，需要事先报名参加淘抢购活动，审核通过后才可以应用此模块。
- 拼团模块：此功能仅支持选择已参加拼团的商品。应用此模块需事先设置"拼团"。

设置拼团步骤：卖家中心→营销中心→拼团，设置一个活动名称，设置好活动时间，选择参加活动的商品。设置好自己的拼团优惠价格，价格低的话，可以激励更多的人来参加。

买家通过自身分享邀请好友组团，成团后即可享受卖家商品的让利。

- 拍卖主题模块：此模块仅支持报名"阿里拍卖"且审核通过的商家。系统自动抓取报名通过的日历主题，按照时间顺序，展示最近的一件商品。
- 裂变优惠券：应用此模块需事先在"营销中心"→"店铺营销工具"页面中，创建"裂变优惠券"，其裂变原理如下（见图5-37）。

在"裂变优惠券"设置页面，需要分别设置"分享者优惠券"与"被分享者优惠券"，即"父券"与"子券"。

> **注意：**
> ①单击每个已装修模块右侧的"★"，可将已装修内容（图片/文案/链接等）保存在"我的模块"中。保存后该模块可一键装修到其他页面。
> ②在装修过程中，可随时在装修页面右侧的"模块管理"观察模块的情况，并且可以随时预览、保存、备份、发布所装修的页面（见图5-38）。

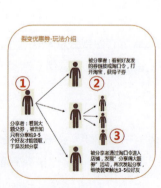

图 5-37

图 5-38

5.1.2 微淘

微淘对消费者来说是优质消费内容的聚集地,消费者可以用微淘观看商家、达人的种草内容,从而发现想购买的商品,通过更为真实的内容分享体验来进行购买决策。

微淘对商家来说,是商家面向消费者进行自营销的内容电商平台,通过微淘,商家可以进行粉丝关系管理、品牌传递、精准互动、内容导购,等等。

在微淘页面的装修模块只有三种,分别是多图轮播、签到有礼与微淘活动日历。多图轮播与签到有礼模块的装修步骤与之前的相同,直接拖动进入装修框,然后编辑即可(见图5-39)。

微淘活动日历模块需要事先在"自运营中心"→"发微淘"设置活动(见图5-40)。

图 5-39

图 5-40

5.1.3 宝贝分类

每个淘宝店铺里都会有很多的分类，如：春秋装、夏装、冬装。这样方便买家快速找到自己想买的衣服。

宝贝分类装修页面可以直接编辑分类标题，上传分类图片（见图5-41），装修后的分类效果内容更清晰，浏览更高效（见图5-42）。

图5-41　　　　　　　　　　图5-42

5.1.4 通用设置

通用设置中包含基础设置模块、店铺印象、店铺搜索、内容管理和好店新客等模块。
- 基础设置模块：此模块分为店铺招牌设置与店铺logo设置两部分。

①店铺招牌设置：单击右边的"店招设置"按钮，在打开的装修页面中上传背景图片，图片将自动呈渐变模糊显示，以更好地突出店招上的信息（见图5-43）。

图5-43

背景图片的尺寸要求为 750 像素 ×580 像素，建议大小为 400KB 左右，图片格式为 jpg、jpeg、png。

②店铺 logo 设置：由于 logo 要在多个页面中使用，每个页面展现大小不同，所以要考虑 logo 图片的清晰度。logo 图片尺寸为 120 像素 x120 像素，建议大小 100KB 左右，图片格式为 jpg、jpeg、png（见图 5-44）。

在"卖家中心"→"店铺管理"→"店铺基本设置"页面，也可以设置店铺标志，以及店铺名称、店铺简介等内容。

图 5-44

- 店铺印象：店铺印象是一个单独页面，包含店铺介绍、店铺故事、店铺说明三个可以添加视频的模块和不支持编辑的店铺评分模块与底部的基础信息模块。
- 店铺搜索：该模块可编辑手淘的搜索栏预置的搜索词汇与"实时热搜"标签，帮助买家快捷搜索对应商品（见图 5-45）。
- 内容管理：此模块中包含"Ta 眼中的店"模块，此模块中展现了店铺已购用户对服务/产品等店铺的印象的评论，帮助提升店铺形象。此功能开通后，系统将帮助邀请店铺的已购用户发布内容，并支持将该内容装修到店铺首页中。同时在此页面可定义三个"店铺印象标签"，向消费者说明店铺风格和经营特色。

图 5-45

- 好店新客：在此模块包含"优惠券后台"与"素材中心"两个选项，分别指向这两个后台页面，在优惠券后台设置优惠券，在素材中心上传符合要求的素材，可增加在手淘首页"每日好店"的流量。

每日好店位于淘宝首页的右下角，是一个能为店铺带来很多流量的首页流量入口，一旦店铺被推荐到每日好店，那带来的流量将非常理想，是卖家争夺的流量入口之一。

店铺入驻每日好店的方式有两种,第一种是部分类目有招商,可通过淘宝营销中心——搜索"每日好店"——找到类目报名入口报名,第二种是系统抓取+条件筛选,这个是目前大部分类目商家的入驻规则。

5.1.5 自定义页

自定义页包括两个模块:"自定义页"模块和"店铺故事承接页"模块。

- 单击"店铺装修"→单击"手机端"左侧的"自定义页面"→单击"新建页面"→输入页面名称如"店庆大促",开始创建一个页面。其装修页面的布局、操作与首页装修相同。"店庆大促"将随店铺页面的打开而显示在页面顶部。
- 店铺故事承接页内可添加视频与图片,讲述品牌或商品故事,用企业文化、品牌文化吸引有共鸣的消费者。

5.2 PC端装修

PC端的店铺装修与手机端店铺装修步骤基本相同,框架略有不同。在"卖家中心"→"店铺管理"→"店铺装修"页面,选择"PC端"(见图5-46)。

图 5-46

基础页包括"首页"与"店内搜索页"两个模块。

- 首页模块:单击"首页"右边的"装修页面"按钮,进入装修页面,单击"布局管理"按钮,先对PC端的首页添加模块,进行布局。

- 将左侧的模块按照需求拖动进入布局框，即可添加模块；单击模块右侧的"×"号即可删除模块（见图 5-47）。
- 各个模块添加完毕，布局结束之后，单击"页面编辑"按钮，进入编辑页面。
- 单击左侧的"页头"按钮，即可装修"店招"与"导航"；单击其他模块，例如"图片轮播"模块即可依次上传轮播图片；单击页面中各模块，依次装修即可（见图 5-48）。
- 单击左侧的"配色"按钮，即可为 PC 端的店铺首页选择合适的整体配色文案（见图 5-49）。
- 单击下面的"</>CSS"按钮，即可进入 CSS 代码编辑状态（此功能需事先订购）。
- 一个装修过的 PC 端首页如图 5-50 所示。

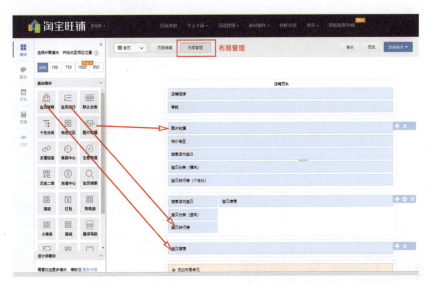

图 5-47

图 5-48

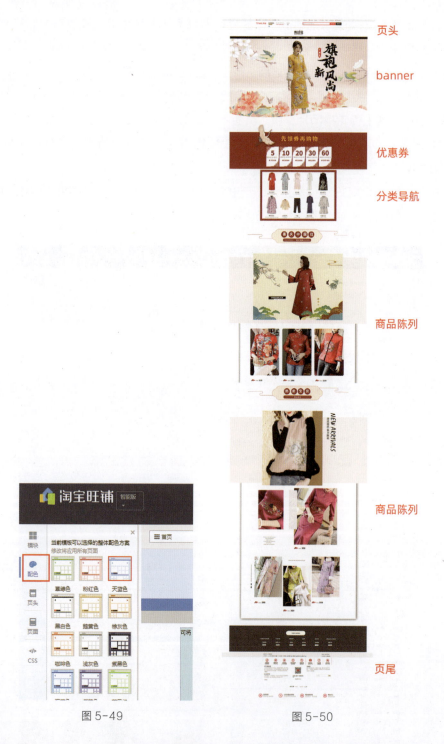

图 5-49　　　　　　　　　图 5-50

- 自定义页：在 PC 端新建了"自定义页"，装修页面出现的部分模块带有"同步"标记，代表此自定义页面中的此模块可一键同步生成手机端页面（见图 5-51）。

  每个自定义页面可以添加的模块数量上限为 30 个。

第 5 章 旺铺智能版网店装修

图 5-51

5.3 图片空间的应用

图片空间，顾名思义，就是用来存储淘宝商品图片的网络空间，也叫作素材中心。所有在淘宝店铺用到的图片、视频、音乐、动图，都是从图片空间里调用的。目前只要开店就免费赠送 1GB 的空间，如果需要更大的空间，可付费购买。

单击卖家中心→店铺管理→图片空间，即可打开素材中心界面（见图 5-52）。

图 5-52

245

图片空间的主要功能如下。

（1）可建立树状目录文件夹，分开保存、展示、浏览、管理各类素材。

（2）批量管理图片，如上传、复制链接、移动、删除等。

（3）原图替换：替换图片空间的图片。即店铺中所有使用了这张图片的位置都会在2小时之内自动替换。替换会保持图片地址不变。

（4）引用关系：迅速查看图片是否在店铺中使用和具体使用情况。

（5）主图测图：最新旺铺智能版的新功能，可显示主图点击数据，商家可据此数据进行优化。

5.4 分流首页

新装修的首页是否效果更佳，可以通过"分流首页"进行测试，将一定百分比的流量分配给新装修的首页，比较两个首页的效果后，再决定是否采用（见图5-53）。

图 5-53

第 6 章

技能提升

6.1 产品精修
6.2 人像处理（视频 6-6）
6.3 提升作品质感与清晰度（视频 6-9）
6.4 光影表现
6.5 色调的调整

6.1 产品精修

6.1.1 修图基础知识

随着电商产业的发展,越来越多的产品图片有着更高的表达与表现要求,尤其是化妆品与家居产品,精修需求越来越大。这些小型产品摄影难度较高,瑕疵被无限放大,所以需要较高阶的技术,对光影、造型、产品的吸引力进行复刻精修,有时候甚至要重绘,以更高的质量表现产品。高精度个性化人像的应用在电商设计中非常普遍,化妆品、母婴产品等行业,都对人像精修有着较高需求。

本章专门针对产品与人物的精修展开讲解,从修图的基础知识开始,到多种材质的表达与人物皮肤的修饰,按照结构分面、光影打造以及不同材质质感表现的方法,结合案例实操逐步分阶进行。

6.1.2 三大面五大调

设计师经常会关注黑白灰关系,黑白灰关系就是我们要介绍的"三大面"。三大面就是受光程度不同产生的:光打得多就是受光面,光打得少就是侧光面,光由于折射或者完全遮住就是背光面了。这与光源的距离和位置有关,越朝向和接近光源越亮,反之越暗,就形成了黑、白、灰三种光影关系。

平时观察分析身边的事物就会发现,立体形状在光源的照射下都有黑白灰三个面(见图6-1)。

五大调即亮面、灰面、明暗交界线、反光、投影(见图6-2)。

五大调同样是分析光影问题的,通过描绘光影,可以塑造物体的立体感。五大调是三大面的细分。

亮面:受光物体最亮的部分,表现的是物体直接反射光源的部分。

灰面:高光与明暗交界线之间的区域。

明暗交界线:区分亮部与暗部的区域,是物体的结构转折处,一般也是最暗的地方。明暗交界线不是一条真实的线,但是这个区域一般会决定亮面灰面的势力范围,也跟随着形体来走,所以非常重要。

反光:物体的背光处受其他物体或物体所处环境的反射光影响的部分。

投影:物体本身遮挡光线后在空间中产生的暗影。

三大面五大调是我们每个设计师都需要记牢印在心里的，平时按照三大面五大调的光影关系，多观察生活中的各种物体。在精修产品时，为了塑造更逼真的感觉，需要检查自己的造型有没有三大面和五大调。

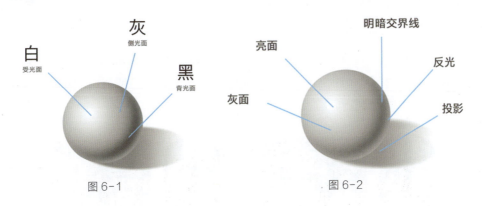

图 6-1　　　　　　　　　　图 6-2

6.1.3　材质与光线

物体材质不同，产生的光影也有显著区别。一般可以分为镜面反射（硬光）与漫反射（软光）（见图6-3）。

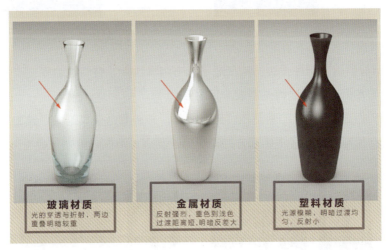

图 6-3

镜面反射是指光照射到表面很光滑的物体时产生的反射，例如亮面不锈钢、玻璃等，用PS表现光影时比较硬朗。漫反射是指光射到表面粗糙的物体时产生的反射，例如磨砂、塑料等，用PS表现光影时比较柔和。

总而言之，产品表面越光滑，光影刻画越清晰，产品表面越粗糙，光影刻画越柔和。

6.1.4　阴影与高光刻画的基本原理（视频6-1）

视频6-1

刻画各种明暗不一的阴影与高光时，一般采用画笔＋蒙版＋图层混合模式的方法。

（1）将抠好的产品轮廓形成一个图层组的蒙版（见图6-4）。

（2）将瓶子的下半部分单独抠选出来，在新建图层用黑色柔边画笔在瓶子的左边缘绘制，并将混合模式改为"叠加"，透明度降低。然后将此图层做成抠出部分的剪贴蒙版，最终形成左侧阴影（见图6-5）。

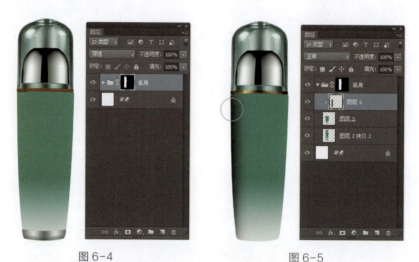

图6-4　　　　　　　　　　图6-5

（3）在新建图层用黑色柔边画笔在瓶子的右边缘绘制，并将混合模式改为"叠加"，透明度降低，与左侧一样做成剪贴蒙版（见图6-6）。

（4）在新建图层用白色的画笔在瓶身上绘制，并将混合模式改为"叠加"，透明度降低，形成高光。所有关于瓶子下半部分的光影刻画图层，都做成剪贴蒙版（见图6-7）。

图6-6　　　　　　　　　　图6-7

通过以上步骤，瓶身的一个简单的立体光影关系就刻画好了。其他刻画亮光与暗部的方法与以上方法大同小异，基本原理都是相同的。

6.1.5 圆柱体常见光影分布形式

目前电商各类目的产品中，圆柱体或者带有圆柱体结构的产品较多。其常见光影分布形式为单侧光、对称光、中亮光（见图6-8）。

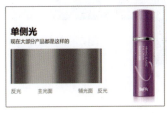 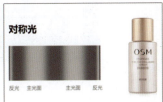 

图6-8

- 表现圆柱体的光影时，一般采用单侧光，即一个主光加一个辅助光，两边加上反光的形式。
- 对称光也比较常用，即左右两条对称的主光，加上两边边缘对称的反光。这种光影分布可以彰显产品的端庄大气。
- 中亮光即在产品的中间部分加一条较宽的主光，两边加上反光。这种光影分布形式一般用在透明材质中，表现产品的通透晶莹。

6.1.6 实战：塑料质感精修（视频6-2）

产品精修的方式分为三种，一种叫作"纯修"，是指在原图上操作，进行瑕疵的去除、细节的优化、图片颜色的校正、清晰度的提高、光影的加强等。第二种叫作"半修半画"，是指在原图上去除瑕疵，进行一些修饰操作；对一些不能修饰的部分，进行重新绘制。第三种叫作"重画"，是指原图比较糟糕，完全重新绘制的操作。化妆品精修一般采用第三种方法——"重画"，即重新绘制产品。

以图6-9为例，原摄影图片的光影效果不够明显，清晰度也不够，产品的品质感不强。通过重新绘制，提高产品清晰度，增强立体感，增加质感，产品会更显精致。

图6-9

化妆品精修的步骤大致为：用钢笔与圆角矩形工具等勾画轮廓，并分解产品结构→产品铺光，刻画光影→结构关系塑造→阴影或投影的绘制。

（1）使用圆角矩形工具与钢笔工具相结合的方式，在原图上绘制顶部，形成新路径；并在新图层上填充路径（见图6-10）。

图6-10

（2）用同样的方法绘制瓶身与瓶盖并形成路径（见图6-11）。

（3）创建顶部、瓶身、瓶盖三个图层组，并将三个图层的轮廓做成对应的图层组蒙版。将图层1放进"顶部"图层组，图层2放进"瓶身"图层组，图层3放进"瓶盖"图层组（见图6-12）。

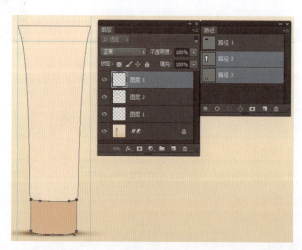

图6-11

图6-12

（4）制作顶部的网格压线。隐藏所有图层组。在最顶层新建图层，绘制米色圆角矩形，设置图层样式为"斜面浮雕像"，形成一根立体线条（见图6-13）。

（5）复制多个立体线条，合并这些立体线条图层，然后复制这个线条图层（见图6-14）。

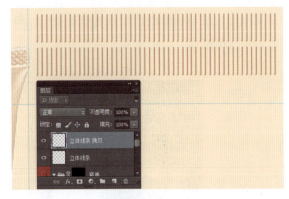

图 6-13　　　　　　　　　图 6-14

（6）将一个立体线条图层斜切 45°，另一个斜切 -45°，合并两个图层。并将其放进"顶部"图层组，与图层 1 形成剪贴蒙版（见图 6-15）。

（7）开始绘制瓶身部分。观察原图（见图 6-16），发现瓶子的边缘有颜色较深的轮廓线条；再向里有轮廓阴影，即灰部；左侧为主光源；右侧为副光源；上部有一倒三角形光源；左上角有形体光。

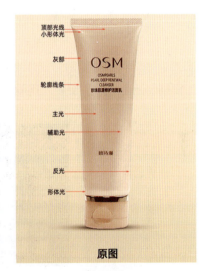

图 6-15　　　　　　　　　图 6-16

重新绘制产品可根据原图的光线进行优化，去掉多余的光影，塑造更有质感的光影。

（8）打开"瓶身"图层组，给瓶子填充合适的颜色；并新建图层，按下 Ctrl 键单击图层 2 缩略图，得到瓶身的选区；用更深的颜色给瓶身描边，然后将描边高斯模糊；用蒙版去掉多余的部分（见图 6-17）。

（9）刻画阴影与灰部。新建图层"瓶身阴影"，将混合模式改为"柔光"，用黑色柔边画笔在左边绘制，并用蒙版调整；用同样的方法绘制"右侧瓶身阴影"（见图 6-18）。

> 注意：使用蒙版时，注意画笔的流量要调节得较低，可以是10左右。在整个绘制过程中需要随时调整画笔流量。

图 6-17

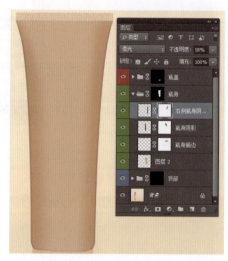

图 6-18

（10）绘制亮部。新建"主光"图层，使用钢笔工具绘制白色图形（见图6-19）。

（11）将此图层的混合模式改为"叠加"，进行高斯模糊，调整不透明度，形成左侧主光。可进行多次复制，并用蒙版调整，形成自然的主光效果。

复制此图层，水平反转，用同样的方法制作右侧的副光（见图6-20）。

图 6-19

图 6-20

（12）新建"顶光"图层，用钢笔工具绘制图形并填充白色，将混合模式更改为"叠加"，高斯模糊，调整不透明度，制作顶光（见图6-21）。

（13）为增强顶部的立体感，绘制一条黑色的线，一条白色的线；将其混合模式更改为"叠加"；高斯模糊；用蒙版擦去多余部分（见图6-22）。

图 6-21

图 6-22

（14）新建"右侧反光"图层，使用钢笔工具绘制弧线，描7像素的白色边，并更改混合模式为"叠加"（见图6-23）。之后将"右侧反光"进行高斯模糊，并用蒙版进行调整。

（15）新建图层"底部光"，混合模式为"叠加"，用白色柔边画笔绘制，并更改不透明度调整。将"瓶身描边"图层上移至"瓶身"图层组中的最顶层（见图6-24）。

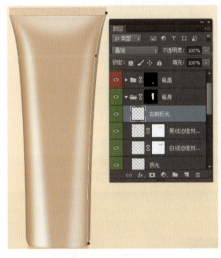

图 6-23

图 6-24

（16）磨砂材质制作。在"瓶身"图层中的最上层新建图层"磨砂"；填充黑色；滤镜→添加杂色（单色）；将此图层的混合模式更改为"滤色"，并调整不透明度（见图6-25）。

如果不合适，可对添加杂色的数值进行多次尝试。

（17）开始瓶盖的绘制。打开瓶盖图层组，新建图层"装饰圈"；用钢笔工具绘制装饰圈并填充对应颜色（见图6-26）。

图 6-25

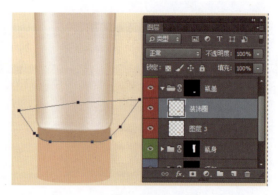
图 6-26

（18）由于瓶盖是比较硬的塑料材质，所以光影刻画相对硬朗一些。根据图 6-27 中的光影分布，设置好渐变，并将其存储在渐变编辑器中，以备以后使用。

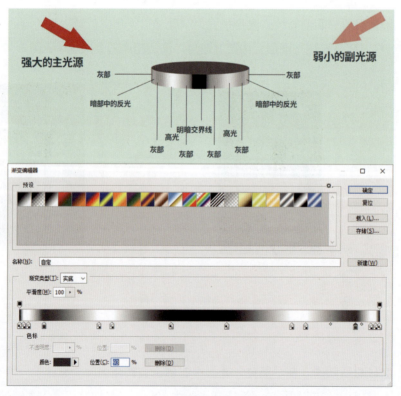
图 6-27

（19）使用编辑好的渐变方式，填充瓶盖部分，并将混合模式改为"叠加"；通过蒙版进行调整（见图 6-28）。

> **注意**：绘制瓶盖时如果颜色发生错误，可使用"色相/饱和度"命令更改其色相、明度、饱和度，以使其更自然。

（20）使用矩形工具在瓶盖中间绘制黑色矩形；混合模式为"柔光"；高斯模糊，加深中间的部分。

按下 Ctrl 键单击"瓶盖"蒙版，得到瓶盖选区；在新建图层进行深色描边，并用蒙版进行修饰，增加瓶盖的立体感（见图 6-29）。用同样的方法为瓶盖上边缘描白边。

图 6-28　　　　　　　　　图 6-29

（21）找到之前绘制的路径，新建两个图层，分别描深咖色边和白边；高斯模糊；利用蒙版调整（见图 6-30）。

（22）在咖色边与白边的下方，用钢笔工具绘制按口并填充颜色（见图 6-31）。

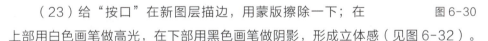

图 6-30

（23）给"按口"在新图层描边，用蒙版擦除一下；在上部用白色画笔做高光，在下部用黑色画笔做阴影，形成立体感（见图 6-32）。

图 6-31　　　　　　　　　图 6-32

（24）绘制阴影。在背景层上方新建图层"阴影1"，绘制椭圆，并进行高斯模糊；图层混合模式正片叠底（见图6-33）。

图 6-33

（25）复制阴影1图层，将新复制的图层拖动至"阴影1"下方，横向180°"动感模糊"，并调整不透明度；用这种方法多复制几层（见图6-34）。

（26）处理细节部分。给"顶部"添加描边增加立体感；给瓶身增加小形体光，完善细微的光影刻画，最终达到精修效果（见图6-35）。

文字部分使用同样的字体重新输入排版，图形利用钢笔工具抠选，这里不再赘述。

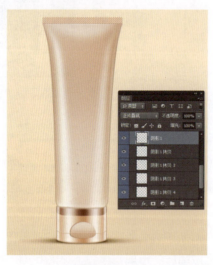

图 6-34

图 6-35

6.1.7 实战：玻璃与金属质感精修（视频6-3）

视频 6-3

精修产品时，拿到原始图片，不要没有观察分析直接就去尝试。第一步先对产品进行分析。

先分析光源的位置；再观察产品形体与各个结构之间的转折；然后分析产品材质与不同的光感；最后分析产品的固有色、环境色，以及添加了光影之后的颜色变化。部分产品需要分析其透视关系、拍摄角度、投影方式、环境光与反光等。最重要的是耐心，一步步做好每个结构，去除瑕疵，提升产品质感，让产品看起来更加吸引人。

下面以图6-36为例详细说明。

图 6-36

（1）分析产品。

光源： 此产品的拍摄立体感差，需要重新定制光源，拟定为一主一副。

结构： 不规则圆柱形瓶盖、圆柱形瓶身，瓶口处有螺旋状结构。

材质： 瓶盖为金色光面不锈钢材质，瓶身为玻璃材质。金属材质反射强烈，重色到浅色过渡距离短，明暗反差大。玻璃材质光的穿透与折射两边重叠明暗较重，特别是边缘，颜色很深。一般透明材质与金属的表面都比较光滑，光影刻画线条较硬朗。

颜色： 瓶盖为金色，瓶身为蓝色。

（2）钢笔抠图并拆分产品。

先用钢笔工具将整个产品抠选出来，然后再分为瓶盖、瓶身两个部分，分别放在两个图层组里，按照上一案例的方法，给图层组分别创建蒙版（见图 6-37）。

图 6-37

（3）按照区域进行绘制。

瓶盖填充固有色之后，先刻画边缘与暗部，再刻画亮部与高光（见图 6-38）。

图 6-38

瓶身部分利用同样的方法绘制边缘、暗部、亮部、高光、形体光（见图 6-39、图 6-40、图 6-41、图 6-42、图 6-43）。

（4）添加气泡、水珠、投影等细节（见图 6-44）。

图 6-39

图 6-40

图 6-41

图 6-42

图 6-43

图 6-44

（5）提高清晰度，提高质感，优化图像。

将所有图层盖印，并复制图层；将上方图层执行"滤镜→其他→高反差保留"，图层混合模式改为柔光。

如果效果不够明显，可再次盖印图层，执行 Camera Raw 滤镜，调整清晰度、自然饱和度，还可以锐化图像，更改图像色温等，原图与修图的最终效果见图 6-45。

瓶子上的图案大部分可以向公司索要源文件，也可以抠选后贴图。文字部分要单独输入排版，并刻画光影，在这里不再赘述。

图 6-45

6.1.8 使用涂抹工具做简单修图（视频 6-4）

视频 6-4

当对产品图片要求不高时，为了节约时间成本，可以在原图上进行简单修图。其中最多用到的是"涂抹工具""污点修复画笔工具""液化工具"，使用这些工具可以快速地去除瑕疵与污点部分，矫正产品变形。

给玻璃瓶简单修图的第一步，首先分析产品。这是一个玻璃晾杯，里面有牛奶状液体，晾杯的杯口与其他边缘有较多瑕疵，边缘杂乱不平滑，光影关系也不太明朗（见图 6-46）。

（1）复制图层，去色，并调节色阶与曲线，使瓶子的明暗关系更明朗（见图 6-47）。

图 6-46　　　　　　　　图 6-47

（2）使用"污点修复工具"与"仿制图章工具"去除晾杯口与底部的杂点（见图 6-48）。

图 6-48

（3）单击图层面板上的"锁定透明像素"按钮，锁定透明部分，这样在工作中杯子的边缘就不会变形。使用"涂抹工具"涂抹杂乱的地方，使其变得整洁。包括杯口、边缘、把手边缘、底部（见图 6-49）。

涂抹过程比较烦琐，要细心并有耐心，随时按下"["键与"]"键变换涂抹工具的大小，以及灵活控制涂抹工具的强度。

图 6-49

（4）新建图层，用柔边黑色画笔刻画晾杯的两侧边，并调整不透明度，使其更有立体感（见图 6-50）。

图 6-50

（5）新建图层，用钢笔工具绘制路径，转换为选区后填充白色，调整不透明度，并利用蒙版控制形状，刻画高光部分（见图 6-51）。

将高光复制一层，水平翻转，调整角度，形成左侧的高光。

图 6-51

（6）将所有的图层盖印，并复制一层，执行"滤镜"→"其他"→"高反差保留"，参数 1 像素；此图层的混合模式改为"线性光"，提高清晰度（见图 6-52）。

图 6-52

最终结果对例如下（见图6-53）。

图6-53

视频6-5

6.1.9 女包精修（视频6-5）

首先分析产品（见图6-54）：女包摆放角度倾斜；左右不对称；表面有褶皱；色彩缺乏质感；光影效果不明显。具体修图步骤如下。

图6-54

（1）使用钢笔工具抠图，在抠图的时候边缘尽量靠里，避免出现白边。在抠图的过程中，遇到不整齐的部分可以直接抠整齐。

（2）拖动多条辅助线，使用"扭曲"和"变形"工具，矫正女包形状（见图6-55）。

（3）使用"滤镜"中的"液化"命令，进一步矫正女包形状（见图6-56）。

（4）复制矫正好的图层，命名为"双曲线"，并在其上方建立两个"曲线"调整图层。一个"曲线"调整图层向下拖动，使其变暗，并将蒙版填充黑色，隐藏效果。另一个"曲线"调整图层向上拖动，使其变亮，同样将蒙版填充黑色，隐藏效果（见图6-57）。

（5）在最上方建立"黑白"调整图层，以便观察产品的黑白光影（见图6-58）。

图 6-55

图 6-56

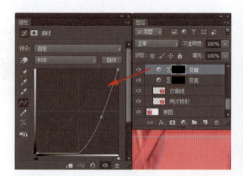
图 6-57

图 6-58

在"变亮"曲线调整图层上，用白色柔边画笔，涂抹产品褶皱形成的阴影部分，使阴影部分的颜色与周围融合。

建议初学者将画笔的不透明度与流量调低，以更好地控制画笔的深浅。

在"变暗"曲线调整图层上，同样用白色柔边画笔，涂抹产品褶皱形成的光亮部分，使光亮部分的颜色与周围融合。

此方法同样适用于修饰人物皮肤上的瑕疵。

注意：涂抹时注意保留产品正常的影子，以使产品光影更显真实。

（6）在涂抹过程中，可隐藏/显示"黑白"调整图层观察对比。涂抹完成后，隐藏"黑白"调整图层，隐藏"背景"图层；按下 Ctrl+Alt+Shift+E 快捷键盖印图层。

（7）在盖印图层上方，按下 Alt 键单击"新建图层"按钮，在弹出的对话框中新建灰色图层，模式选为"柔光"；勾选"填充柔光中性色（50% 灰）"，并命名为"光影刻画"（见图 6-59）。

提示：50% 灰的中性色图层，使用"柔光"模式与其他图层混合时，没有任何效果。但是在灰色图层上绘制白色时，下面图层对应的地方显示更亮；反之绘制黑色时，下面图层对应的地方显示更暗。

图 6-59

（8）在此灰色图层上，用黑色画笔刻画女包的阴影部分；用白色画笔刻画女包的高光部分（见图 6-60）。

图 6-60

提手的高光部分可使用钢笔工具绘制路径，然后使用白色画笔描边路径。

金属拉链部分注意涂亮。

（9）隐藏背景层，盖印制作的图层，并复制一层，执行滤镜→其他→高反差保留"1"，图层混合模式改为"线性光"，并调整不透明度，使其更具质感。

（10）如果效果不理想，可以再次盖印图层，执行滤镜→Camera Raw 滤镜，调整色温、清晰度、自然饱和度等（见图6-61）。

图 6-61

（11）将最终效果放置在场景中，并绘制投影，形成最终效果（见图6-62）。

图 6-62

6.2 人像处理（视频6-6）

视频6-6

商务人像处理是一个比较烦琐的过程，尤其是皮肤的处理，需要用到中性灰、高低频等方法。

中性灰：就是灰度为50%，RGB值为128、128、128的颜色，这个颜色在一些图层混合模式中是不产生任何作用的。但是将此灰色用黑色和白色画笔进行加深或减淡，将产生作用。可以在保留纹理的基础上进行磨皮。

高低频：将图像信息分为两个部分，将颜色和光影记录在低频，将纹理细节保存到高频，在保留皮肤原来的光影变化的基础上产生皮肤的质感。

以上两种方法同样适用于产品表面的修饰。

处理一张商务人像一般分为四步：基础修饰、光影塑造、精致刻画、调色。

分析原图（见图6-63），发现照片有些曝光不足；鼻梁处、腮部线条不够流畅；面部有斑点瑕疵；嘴唇不够饱满；眼睛有些混浊。

一般模特五官不建议有大的改动，并且，并不是大部分人认为的瘦了、白了就是美。应在保留模特原来气质的基础上，进行美化。

图6-63

（1）头发的细节缺失。复制图层，新建曲线调整图层，整体向上调亮，并在蒙版上填充黑色，只是把头发部分涂抹为白色。

再建一曲线调整图层，整体向上调亮。按下Ctrl+Alt+Shift+E快捷键盖印图层（见图6-64）。

图 6-64

（2）复制图层，重命名图层为"液化"，执行滤镜中的"液化"命令，将鼻子、腮部的曲线调整流畅和谐。可使用"冻结蒙版工具"辅助进行（见图 6-65）。

图 6-65

（3）盖印液化效果，并复制一层，重命名为"盖印液化"图层。新建"修痘印"图层，使用污点去除工具或其他工具，在工具栏上勾选"对所有图层取样"选项，去除面部主要瑕疵（见图 6-66），之后再次盖印。

图 6-66

（4）给以上图层建图层组，命名为"基本修饰"。

新建"曲线"调整图层，加大图像的对比度；新建"黑白"调整图层，使其变成黑白图像，以方便观察光影变化。

按住 Alt 键新建灰色图层，混合模式为"柔光"。

在灰色图层上，使用白色画笔涂抹图像上黑色瑕疵，使用黑色画笔涂抹白色瑕疵。注意画笔流量，建议 20%（见图 6-67）。注意胳膊、脖子部分用大直径白色画笔涂抹，使其变亮；脸部轮廓线用黑色画笔涂抹，加深轮廓。

图 6-67

（5）隐藏"黑白"调整图层，盖印所有图层，并建立图层组，命名为"中性灰去暇打造光影"（见图 6-68）。

（6）复制以上所盖印的图层，命名为"盖印中性灰复制"；再复制一层，命名为"高低频"（见图 6-69）。

图 6-68　　　　　　　　　　图 6-69

（7）按以下步骤，为皮肤打造质感，但五官与头发部分不需要，所以隐藏效果（见图 6-70）。

将图层模式改为线性光。　　按下Ctrl+I反相。　　滤镜-模糊-高斯模糊4像素。

滤镜-其他-高反差保留4。　　建立蒙版,用黑色画笔将五官与头发部分隐藏。

图6-70

（8）盖印高低频及以下图层,复制一层,重命名为"口红"图层。口红部分新建"自然饱和度"调整图层,提高自然饱和度,并建立蒙版,隐藏除口红之外的所有区域(见图6-71)。

将眼白部分用减淡工具涂抹干净;再次液化调整嘴唇厚度等细节。

建立"高低频打造质感"图层组,将以上图层放进组内。

再次盖印图层,命名为画面调色。

图6-71

（9）建立色彩平衡调整图层，进行调节（见图6-72）；建立色相/饱和度调整图层，降低红色与黄色（见图6-73）；建立色彩平衡调整图层，恢复面部色彩（见图6-74）；建立曲线调整图层，整体提亮色彩（见图6-75）。

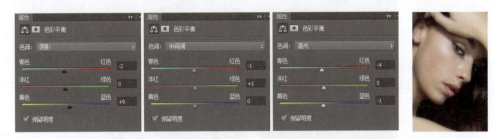

图 6-72

图 6-73

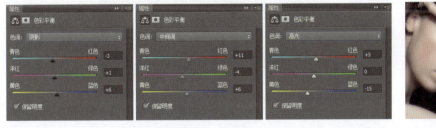

图 6-74

图 6-75

（10）最终效果与原图比较如图6-76所示。

图6-76

第6章实战（1）

精修图6-77的产品图片，达到电商海报的使用标准（视频6-7）。

视频6-7

图6-77

第6章实战（2）

精修图6-78的产品图片，达到电商海报的使用标准（视频6-8）。

视频6-8

图6-78

6.3 提升作品质感与清晰度（视频6-9）

视频6-9

使用PS软件设计一张电商海报或其他作品时，在所有图片修饰工作进行完毕之后，往往最后要做进一步的图像锐化，提高图片清晰度，使图片更有质感。

常见的提高图片清晰度的方法有四种，即锐化、高反差保留、Camera Raw滤镜、曲线，可以将其中的两种方法叠加使用。

6.3.1 锐化

在图像上执行滤镜→锐化→USM锐化命令，打开对话框（见图6-79）。

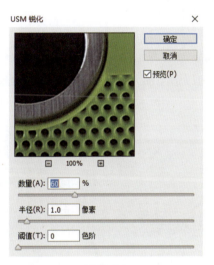

图6-79

USM锐化可以快速调整图像边缘细节的对比度，使用画面整体更加清晰。对话框中的"数量"值控制锐化效果的强度。"半径"值控制锐化的半径，图像的分辨率越高，半径设置应该越大。"阈值"控制相连像素之间的比较值，当默认值为0时，将锐化图像中所有的像素。

6.3.2 高反差保留

将图像复制一层，将上面的一层执行滤镜→其他→高反差保留，数值为"1"，然后将图层混合模式更改为"线性光"，适当调节透明度，图像的清晰度与质感将有所提升（见图6-80）。注意：不同的图像调节的透明度不同，否则效果过强，可能有些失真。

图 6-80

6.3.3 Camera Raw 滤镜

在图像上执行滤镜→Camera Raw 滤镜→清晰度,向右拖动,注意数值不要过大,否则画面显得过于生硬。还可以适当加大对比度,以达到更清晰的效果(见图 6-81)。

图 6-81

6.3.4 曲线与色阶

曲线与色阶的调节原理类似，都是让亮部更亮，让暗部更暗，以加大其对比度，达到更清晰的效果（见图6-82）。

调节色阶时，拖动左边的暗部滑块向右移动，使其更暗；拖动右边的亮部滑块向左移动，使其更亮。

调节曲线时，按住 Ctrl 键单击图像最亮的部分，曲线上将出现对应位置的节点，向上拖动，使其更亮。同样按住 Ctrl 键单击图像最暗的部分，拖动出现的节点，轻轻向下拖，使其更暗。注意幅度不要过大，以免对比过于强烈造成画面失真。

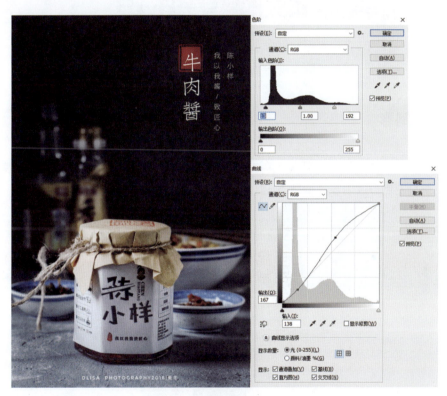

图 6-82

6.4 光影表现

在设计中，光影的表现应用非常广泛，无论是大型实景海报，还是电商的宝贝展示，光影表现都起着重要的作用（见图6-83）。

图 6-83

在电商设计中,一般把光影表现分为倒影、阴影、光线三个部分。

6.4.1 倒影

将物体放置在一个光亮的面上,会折射出物体的倒影,例如水面、玻璃、大理石台面等。一个设计新颖的倒影会为设计增色不少(见图 6-84)。

图 6-84

倒影大致可以分为水平倒影、拆解型倒影、重叠型倒影、多面式倒影、创造型倒影。

(1)水平倒影的做法最简单(见图 6-85、视频 6-10):复制物体,垂直翻转,用蒙版渐变隐藏下半部分即可。如果是圆柱形物体,需要适当的变形,使倒影更逼真地与物体贴合。

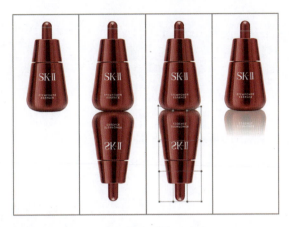

图 6-85

（2）拆解型倒影即不能直接垂直翻转的倒影，必须将物体拆解成几个部分完成（见图 6-86、视频 6-10）。

复制物体→垂直翻转→使用多边形套索工具给局部做选区→按下 Shift+Ctrl+J 快捷键→给另一个面重复以上操作→使用编辑菜单中的变换扭曲工具为内容进行变形，以符合透视规律，然后添加蒙版，并改变不透明度。

可将倒影的饱和度与明度降低一些，以使其更逼真。

图 6-86

视频 6-10

（3）重叠型倒影是指多个物体在不同的图层上，通过复制图层制作倒影时，多个倒影互相重叠（见视频 6-11）。

编辑时为每个图层单独制作倒影之后，建立图层组，降低整个组的透明度，并为整个组做蒙版制作倒影（见图 6-87、图 6-88）。

图 6-87

图 6-88

视频 6-11

（4）多面式倒影较复杂，针对物体与表面的距离，将物体多次拆解，分别进行不同的变形，最终形成倒影（见图 6-89、视频 6-12）。

图 6-89

视频 6-12

（5）创造型倒影是指部分物体制作倒影时，需要体现物体本身看不到的部分，例如鞋底。这种倒影一般需要摄影师单独拍摄，也可以后期专门绘制添加（见图6-90、视频6-13）。

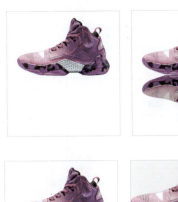

图6-90

①复制图层。

②拖动到下方并垂直翻转。因为影子一般明度比物体低，所以降低其曝光度。

视频6-13

③绘制与鞋底一样颜色的椭圆。

④使用变形工具编辑变换椭圆，使其形成鞋底的形状。

⑤复制鞋上黑色的图案，使用剪贴蒙版放置在鞋底上。

⑥用同样的方法绘制后半部分的鞋底。

⑦新建图层，框选鞋子底部的中间位置，并填充颜色。

⑧复制鞋子的网状部分，使用剪贴蒙版放置在鞋底的中间位置，并降低亮度。

以上过程是在没有鞋底的照片的情况下，创造了一个鞋底部分，合成到倒影里面，最终效果如图6-91所示。

图6-91

6.4.2 阴影

在这里阴影也可以叫作投影，只要有光就会有阴影。光与影的方向与位置是对立的关系，呈180度角。例如图6-92中，光源在左边，相对应的阴影应该在右边；光源在上边，相对应的阴影应该在下边，依此类推。

1）阴影的种类

阴影大致可以分为接触阴影、投射阴影、柔和阴影、透光阴影四种。

- 接触阴影是指物体与平面接触的时候，造成的一个闭塞的阴影部分。一般颜色较暗，边缘较硬（见图6-93）。

图6-92

- 投射阴影是指光源较强烈的情况下，形成的边缘较清晰的影子（见图6-93）。

图6-93

- 柔和阴影是指光源较柔和的情况下，从物体近处开始，向远处渐渐消失的影子（见图6-94）。
- 透光阴影是指物体本身透明或反光时，在阴影中出现的光影（见图6-94）。

柔和阴影　　　　透光阴影

图6-94

2）接触阴影与投射阴影的做法（见视频6-14）

阴影的角度与光源的位置有关，图6-95的拍摄角度为平视。平视也可以理解为一点透视，是电商产品展示设计中常用的角度。如果光源较强烈，阴影直接打在背景上，边缘会比较生硬。

图6-96中的瓶子产品的阴影将分两部分完成，第一部分是地面上的阴影，第二部分是墙面上的阴影。具体制作步骤如下（见图6-95、图6-96）。

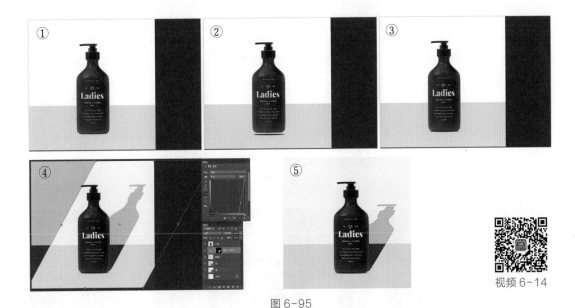

图6-95

图6-96

①打开文件，背景与产品分别在不同的图层。

②使用椭圆工具绘制深灰色椭圆形状，并压扁。使用动感模糊工具，角度为0度，适当模糊；使用高斯模糊工具适当模糊。

③放置在产品下方，形成接触阴影。

④新建曲线调整图层，向下拖动曲线使其整体变暗→按住Ctrl键单击产品所在图层的缩略图，得到产品的选区→按下Shift+Ctrl+I快捷键反选→在曲线调整图层的蒙版上给选

区填充黑色,形成瓶子部分变深,而其他部分没有变化的情况→在蒙版上框选白色部分,按下 Ctrl+T 快捷键变形,将得到瓶子初步的阴影。

⑤给蒙版上的白色部分继续执行缩放、斜切操作,使影子更自然→执行高斯模糊滤镜,使影子的边缘稍显柔和,不那么生硬→由于变形导致的其他地方的白边,可以在蒙版上填充黑色弥补。

⑥使用矩形选框工具框选地面以上的部分,在曲线的蒙版上,将墙上的地面以上部分填充黑色,以删除墙上的阴影部分。

⑦再次新建曲线调整图层→向下拖动曲线使其变暗→在蒙版上将瓶子以外的地方填充黑色→选中白色部分向右拖动→执行高斯模糊,形成墙上的阴影。

⑧在蒙版上将地面以下的部分填充黑色,删除地面上的阴影,形成最终效果。

3)俯视柔和透光阴影的做法(见视频 6-15)

俯视图也是电商设计中常见的方式。当光线从左侧照射时,阴影出现在右侧。阴影距离物体越远的部分越模糊,颜色也越浅;距离物体越近,越清晰,颜色也越深。最挨着物体的下面同样有闭塞阴影。具体制作步骤如下(见图 6-97、图 6-98)。

视频 6-15

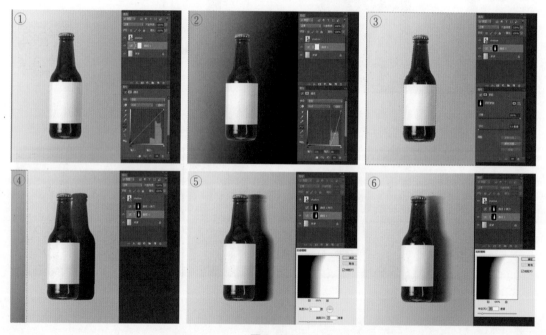

图 6-97

①在背景层上方,瓶子图层的下方,建立曲线图层。

②将曲线向下拖动,整体变暗。

③在曲线调整图层的蒙版上,将除瓶子之外的区域填充黑色,只保留瓶子形状变暗。

④复制曲线调整图层,并隐藏。将下方的曲线调整图层,向右拖动,露出阴影部分。

图 6-98

⑤执行滤镜中的动感模糊,角度为 0,使阴影的边缘模糊。

⑥使用黑色柔边画笔多次涂抹阴影的边缘,使其边缘颜色更浅,过渡更自然→执行高斯模糊,使阴影的整体效果更自然。

⑦显示上面一层曲线调整图层,同样向右拖动,露出边缘,形成闭塞阴影。

⑧执行动感模糊,值一定要小。

⑨将左边的闭塞阴影使用黑色柔边画笔在蒙版上自然涂去。

⑩在瓶子下方新建图层→按住 Ctrl 键单击瓶子的图层得到瓶子的选区→变换选区大小。

⑪吸取瓶子上最浅的颜色,使用画笔工具涂抹,形成红色的透光效果。

⑫执行高斯模糊,使透光更自然→使用涂抹工具涂抹红色部分,使其形状更自然。

平视阴影与俯视阴影的最终效果如图 6-99 所示。

图 6-99

4）利用移轴模糊滤镜制作简单阴影（见视频6-16）

利用移轴模糊滤镜制作出来的阴影，可以快捷实现"近实远虚"的效果。具体制作步骤如下（见图6-100）。

视频6-16

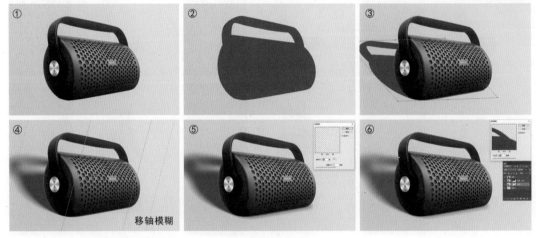

图6-100

①按下Ctrl键得到音箱的选区。

②在新建图层上填充深灰色。

③将图层移至音箱下方，并变换、斜切、缩放、旋转，形成合适的阴影形状。

④执行滤镜→模糊→移轴模糊→旋转、移轴→实现近实远虚效果。

⑤复制阴影图层，给下方的阴影图层执行动感模糊，方向与阴影方向保持一致。

⑥给上方阴影执行高斯模糊，并添加蒙版，淡化距离远的阴影。

最终实现效果如图6-101所示。

图6-101

6.4.3 光线

当下许多店铺的产品首焦海报运用到光影变化，这种有光、有影，有明、有暗的设计方式会给人一种干净舒服的感受。海报中的元素虽然不多，但却一点也不单调，并且层次感很强（见图6-102、图6-103）。

图6-102

图6-103

这种简洁舒适的光影变化不需要高难度的PS技巧，但是效果很好，下面分别介绍几种制作光影的方法。

6.4.4　窗格型光影表现方法

窗格型光影制作步骤如下（见图6-104、视频6-17）。
①新建渐变图层。
②绘制白色矩形框。
③将绘制好的矩形框复制多层，并等距离分布。

视频6-17

④合并图层之后，进行变形。
⑤执行滤镜高斯模糊。
⑥执行滤镜动感模糊，角度与窗格保持一致。

图 6-104

6.4.5 树叶型光影表现方法

视频 6-18

树叶型光影较简单。得到树叶的轮廓之后，填充灰色，并执行高斯模糊滤镜即可（见图 6-105、视频 6-18）。

图 6-105

6.4.6 光照型光影表现方法

光照型光影制作步骤如下（见图 6-106、视频 6-19）。

视频 6-19

图 6-106

①新建图层，使用多边形套索工具绘制光束形状。

②填充白色。

③将图层混合模式更改为"滤色"，执行滤镜中的高斯模糊。

④更改图层的不透明度，并添加蒙版，编辑光束的显示形状。

第 6 章实战（3）

利用光影的表现方法，使用提供的素材制作图 6-107 的详情页头屏海报（见视频 6-20）。

第 6 章实战（4）

利用光影的表现方法，制作图 6-108 的产品详情页头屏海报。

视频 6-20

图 6-107

图 6-108

6.5 色调的调整

在电商设计的过程中，经常需要对素材图片的色调进行调整；或者在一张作品完成之后，需要对整体效果进行润色。PS 提供了多个调整色调的工具，它们各有所长，可以帮助我们更好地完成作品。

6.5.1 Camera Raw 滤镜

将制作完成的作品转换为智能对象，应用 Camera Raw 滤镜，可以调节图像的色调、对比度、饱和度以及单独某一颜色的色相、明度与饱和度，还可以执行锐化与模糊操作。在智能对象上执行的滤镜操作，可再次调整与修改数值（见图 6-109、图 6-110）。

图 6-109

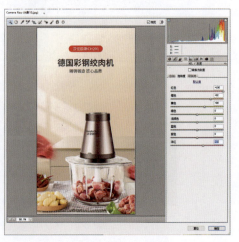

图 6-110

6.5.2 色相/饱和度

色相/饱和度的基本用法很简单，即通过拖动滑块改变色相、饱和度与明度。打开"通道"选项，还可以针对某一种色相进行调节。结合蒙版，可以很方便地更改某一区域的色调（见图6-111）。

图 6-111

6.5.3 色彩平衡

色彩平衡可以分别调整高光区域与中间调、阴影的色彩倾向。将作品的高光区域与阴影区域分别调整为冷、暖相反的色彩倾向，可以更好地刻画产品（见图6-112、图6-113）。

注意：在调节时给不需要调整的区域添加蒙版，例如图中的照相机部分。

图 6-112

图 6-113

6.5.4　可选颜色

可选颜色可更具体地针对某一种颜色进行调节，方便优化作品的最后效果（见图6-114）。

图6-114

6.5.5　曲线调节

作品基本完成之后，往往会出现画面平淡、缺少对比的情况。这时可以用曲线加蒙版的方式，使画面局部增加明度，其他区域变得暗淡一些，以增加画面的明暗对比（见图6-115、图6-116）。

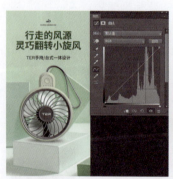
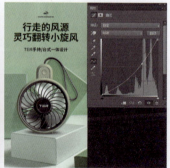

图6-115　　　　　　　　图6-116